KB213576

EDOJIDAI WO KANGAERU

by Tatsuya TSUJI

(c) Tatsuya TSUJI 1988, Printed in Japan

Korean translation copyright (c) 2022 by Beanshelf

First published in Japan by CHUOKORON-SHINSHA, INC.

Korean translation rights arranged with

CHUOKORON-SHINSHA, INC.

through Imprima Korea Agency.

에도시대를 생각한다

1판 1쇄 발행 2023년 1월 23일

쓰지 다쓰야 지음 김선희 옮김

편집 정철 표지 디자인 김상만

발행 정철 출판사 빈서재

이메일 pinkcrimson@gmail.com

ISBN 979-11-980639-8-4 (94910)

빈서재는 근현대사 고전 전문 출판사를 지향합니다. 번역하고 싶은 고전이 있다면 연락주세요. 제타위키에서 '빈서재 출판사'를 검색하시면 다양한 정보를 더 얻을 수 있습니다. https://zetawiki.com/wiki/beanshelf 이 책의 본문 편집은 LaTeX로 작업되었습니다. 초보자에게 많은 도움을 주신 KTUG 회원 여러분께 감사드립니다. http://ktug.org

에도시대를 생각한다

도쿠가와 3백 년의 유산

江戸時代を考える― 德川三百年の遺産

쓰지 다쓰야 지음, 1988년
김선희 옮김, 2023년

빈서재

지은이 쓰지 다쓰야(辻達也). 1926년 도쿄 출생으로 1948년 도쿄대학 문학부 국사학과를 졸업했다. 요코하마 시립대학 이학부 교수를 거쳐 동 대학 명예교수, 센슈대학 문학부 교수를 역임했다. 문학 박사로 전공은 일본 근세사이다. 주저로『교호개혁 연구(享保改革の研究)』,『에도 막부 (江戶幕府)』,『도쿠가와 요시무네(德川吉宗)』등이 있다.

옮긴이 김선희(金仙熙). 단국대 한문교육학과를 졸업하고, 일본 히로시마대학에서『조선과 일본 지식인의 자타인식 연구』로 박사학위를 취득했다. 일본 사상사 전공. 한국학중앙연구원 한국문화교류센터, 고려대학교 일본연구센터를 거쳐 현재 건국대학교 아시아콘텐츠연구소 연구원으로 재직하고 있다.『일본 근세 유학과 지식의 활용』,『한국인, 근대적 건강을 상상하다』,『동북아시아의 근대체험과 문화공간』,『명동 길거리 문화사』,『韓流 · 日流—東アジア文化交流の時代』,『국학과 일본주의-일본 보수주의의 원류』등을 공동 집필하였고,『일본 정치사상사』 ,『일본 '국체' 내셔널리즘의 원형-모토오리 노리나가의 국학』,『에도 유교와 근대의 知』,『핵확산 문제와 아시아』등을 번역하였다.

□ 일러두기─────────────────────────────────

1. 외래어의 우리말 표기는 기본적으로 국립국어원의 외래어표기법에
   따른다.

2. 일본어 표기는 한국인에게 비교적 익숙한 표기가 있거나 이해가
   가능할 경우 우리말이나 한자음을 사용했고, 그 외의 인명과 지명 및
   일본 역사용어는 일본어 그대로 표기한다. 서명의 경우는
   기본적으로 같은 기준을 따르되, 필요시 독자의 이해를 위해 우리말
   번역을 덧붙인다.

3. 연호는 생략하였으며 본문의 날짜는 서력이라도 음력이다.

4. 각주는 별도의 표시가 없는 한 모두 역자주이다.

차 례

《도쿠가와 시대사》를 내며

우리 한국 시민만큼 일본에 '관심'이 많은 경우도 달리 찾기 힘들 것이다. 거의 모든 분야에서 일본에 경쟁심을 불태우고, 그 동향에 신경을 쓰며 자주 비교한다. 일본여행, 일본음식, 일본문화가 우리의 일상이 된지는 이미 오래다. 그러나 그 지대한 '관심'에 비해 일본을, 특히 일본사를 얼마나 알고 있는가 자문해보면 자신 있는 대답이 나오기는 아마도 어려울 것이다. '관심'은 과도한데 정확한 지식과 정보에 기초한 체계적인 이해는 너무도 부족한, 그래서 무지와 오해가 난무하는 상황이 지금껏 계속되고 있다. 오늘날 어려움을 겪고 있는 한일관계를 슬기롭게 풀어나가는 데에도, 이런 상황은 결코 도움이 되지 않을 것이다.

어느 사회나 국가를 제대로 이해하기 위해 그 역사를 알아야 하는 것은 긴 말을 필요로 하지 않는다. 이런 관점에서 우리의 현실을 볼 때 우려를 금할 수 없다. 그 중에서도 특히 일본사를 다룬 양서가 많이 부족한 것은 큰 문제라 할 수 있다. 그간 국내 일본사 연구가 크게 성장했음에도 불구하고 개별 논문만이 양산될 뿐 종합적·체계적으로 일본사를 분석, 소개하는 저작·번역서는 매우 적은 실정이다. 특히 주로 한일관계사에 연구·출판이 집중된 탓에 현대 일본사회의 원점이라 할 도쿠가와시대와 메이지시대는 상황이 더 심각하다.

2019년 여름, 한국과 일본 관계는 해방 후 최악으로 치달았다. 여름방학 내내 하릴없이 막말기幕末期 정치사를 다룬 영어책을 투닥투닥 번역하며 일본연구자로서의 무력감을 삭이고 있을 때, 재단법인 플라톤 아카데미에서 반가운 제안을 해왔다. 일본사 연구 프로젝트를 지원하고 싶다는 것이었다. 나는 번역팀을 꾸려 도쿠가와시대를 다룬 명저들을 번역하고 싶다고 답했다. 출판사도 찾기 힘든 무모한 제안이었지만 다행히도 재단측은 받아들여 줬다. 본서는 그 성과의 하나다. 이 자리를 빌어 재단 측에 감사드린다. 아울러 출판을 흔쾌히 맡아준 빈서재 출판사에도 감사의 말씀을 전하고 싶다.

저작권 문제로 도쿠가와 시대 이외의 책이 시리즈에 들어오기도 했지만 이 «도쿠가와 시대사»는 기본적으로 한국독자들에게 낯설기 짝이 없는 도쿠가와 시대를 체계적이고 명료하게 소개하고 있는 명저들을 골라 번역했다. 이 시도가 한국독자들이 도쿠가와 시대를 이해하는 데에 자그마한 디딤돌이라도 되었으면 하는 바람이다.

2022년 10월 22일
번역팀을 대표하여 박훈 적음

들어가는 말

냉대 받는 근세사

요즈음 '에도 붐'이란 말이 들리기도 하지만, 지금까지 일본의 근세 혹은 에도시대는 후세의 역사가뿐 아니라 많은 사람들에게도 매우 박한 평가를 받았다고 생각한다. 애초에 메이지유신明治維新 당시 발포된 '5개조의 서문誓文' 중 제4조에 "구래의 누습을 깨고"라며 유신 전 습속을 누습이라 부정하고 있다. 문명개화의 세상이 되자 이전 시대의 사물은 구폐고루라 조롱받고 배제되었다.

> 신식으로 자른 상고머리 동동 두드리면 문명개화 소리 난다.
> 구닥다리 상투머리 동동 두드리면 완명고루頑冥固陋 소리 난다.[1]

---

1) 메이지 초기 유행한 노래로 원문은 "ざんぎり頭を叩いてみれば, 文明

내 아버지가 어렸을 적에는 시대에 뒤처진 사람들을 멸시하여 덴포전天保錢[2]이라 불렀다고 한다. 덴포전은 1835년에 에도 막부가 발행한 액면가 백 문文짜리 동전이다. 1871년 화폐 호칭이 원円 전錢 리厘로 바뀌었을 때, 예전 돈의 시세는 공식적으로 백 문이 1전으로 정해졌지만 덴포전은 8리만 통용되었다. 그래서 시대에 뒤처져 모자란다는 의미로 사용되었다고 한다. 어떤 말에 붙여도 '덴포생天保生'은 옛날 사람이라고 여겨진 듯하다.

1877년생인 내 아버지가 세상 물정을 알 즈음에 덴포생들은 50세 전후로 당시로서는 이미 늙바탕에 들어선 사람들이라고 할 수 있겠다. 그러나 메이지 말기에 태어났다면 지금(1988년)은 거의 팔순일 텐데 각계에서 여전히 중역을 맡고 있는 사람도 적지 않다. '메이지생의 기골'이라며 인기를 누리기도 한다. 이렇게 비교하면 에도시대에 성장한 사람들이 새로운 시대에 얼마나 낮게 평가되었는지를 알 수 있다.

문명개화의 유행이 끝나고 서구화주의의 반동으로 일어난 국수주의·군국주의 풍조에서도 에도시대에 대한 평가는 높아지지 않았다. 이런 풍조에서는 유신 전의 정치 형태, 요컨대 무가 정치는 천황 친정의 국체에 위배되는 것이었다. 에도 막

開化の音がする. ちょん髷頭を叩いてみれば頑冥固陋の音がする"이다. 1871년 산발탈도령(散髮脫刀令) 실시로 점차 유행한 서양식 상고머리를 '잔기리(散切)'라 하고, 전통 시대의 상투를 튼 머리를 촌마게(ちょん髷)라 한다. 서양식 상고머리는 문명개화의 상징처럼 여겨졌다.
2) 덴포(天保)는 닌코(仁孝) 천황 때의 연호로 1830년 12월 10일 개원하여 1844년 12월 2일에 고카(弘化) 개원까지 15년간이다.

부를 부정해야 왕정복고가 정당화된다.

학계가 유물사관의 영향을 받게 되었을 때에도, 역시 일본의 봉건제 극복을 현실적 과제로 삼았고 에도시대를 부정적으로 평가하였다. 특히 패전 후에는 일본이 제국주의·군국주의의 길로 돌입한 밑바탕에 과거의 봉건제가 뿌리 깊게 존재하는 사실을 지적하며, 일본의 민주화·근대화를 위한 커다란 과제로서 봉건제 불식을 논하였다. 이것은 근세뿐 아니라 유신 이후를 포함한 것이지만, 어찌됐든 에도시대가 후세에 미친 역사적 역할을 부정적으로 평가하고 있다.

아마도 회고적 취미 같은 시각을 제외하면 에도시대 혹은 근세사가 갖는 현대적 의의에 대해 메이지 이후 어느 시기나 어느 관점에서도 부정적 견해만 보였다.

메이지유신과 역사의 단절

메이지시대의 덴포생, 현대의 메이지생들은 모두 노장년에 메이지유신과 패전이라는 커다란 변동기를 거친 셈이다. 전자나 후자나 같은 경험을 하였다고 할 만한데, 전자는 당대 사람들에게 시대에 뒤처졌다는 비웃음을 샀고, 후자는 자타 공히 자신들이 자란 시대로부터 받은 기골을 자랑삼아 말한다. 이 차이는 어디에서 비롯하였을까? 나는 그 이유를 역사·문화의 연속성과 단절성에서 찾으려 한다. 요컨대 메이지유신 전후 일본의 역사, 특히 문화의 계보에는 큰 단층이 있지만 1945년 전후에는 그렇지 않다. 덴포생을 시대착오적이라고 무시하거나 메이지생을 시대의 중진으로 추어올리는 차이가 발생한 원인이 거기에 있다고 생각한다.

메이지 이후 일본이 돌진한 근대화의 길은 서구화였다. 서구화에 녹아들지 않은 전통문화는 내팽개쳤다. 그리하여 오늘날 우리가 누리는 근대 문화는 연원을 따지자면 거의 서구에 이어지게 되었다. 메이지 이전에 아무리 역사가 발전했더라도 일본의 근대화 즉 서구화의 계보와는 관련이 없다고 간주된다. 수학을 예로 들면 일본의 독자적인 셈법^{和算}이 발전하였고, 특히 겐로쿠^{元祿} 시대(1688~1704)에 세키 다카카즈^{關孝和}(1708년 사망)가 나와 매우 높은 수준에 이르렀다고 하지만, 오늘날 일본의 수학계와 계보상 연결시킬 수 없다. 나의 전공인 역사학에서도 연원을 거슬러 올라가면 아라이 하쿠세키[3]나 모토오리 노리나가[4]가 아니라 랑케 같은 독일 사학에 이르게 된다. 다른 학문 분야도 마찬가지이다.

학교 교육을 중심으로 하는 메이지 이후 교육계의 변화는 그 이전의 교육과 두드러지게 단절된 모습을 상하 각층 사람들이

---

3) 아라이 하쿠세키(新井白石, 1657~1725)는 에도 중기 유학자이자 정치가로 기노시타 준안(木下順庵)의 문인이다. 제6대 쇼군 이에노부(家宣), 제7대 쇼군 이에쓰구(家繼) 아래 정치를 주도하였다. 주요 업적으로 조선통신사 응대 변경, 화폐와 외국 무역 개혁, 한원궁가(閑院宮家) 창립 등이 있으며,『독사여론(讀史餘論)』,『채람이언(采覽異言)』,『서양기문(西洋紀聞)』,『고사통(古史通)』등의 저술을 남겼다.

4) 모토오리 노리나가(本居宣長, 1730~1801)는 에도 중기 국학자이다. 가모노 마부치(賀茂眞淵) 문하에서 고도(古道)연구를 하였으며, 30여 년에 걸쳐『고사기전(古事記傳)』을 완성하였다. 유교와 불교를 배척하고 고도로 돌아갈 것을 주장하였다.

널리 통감하게 했을 것이다. 교육 자체, 제도, 내용, 방법, 모두 서구에서 가져와 데라코야[5] 교육을 일변시켰다. 더욱이 음악 교육에 양악을 채용한 데에서도 단적으로 보이지만, 서구화는 일본의 전통문화와 습속이 일반적인 일상생활에서 어떤 제한된 세계로 내몰리고 만 데에 크게 공헌하였다.

메이지유신 전과 후, 역사적 단층이란 관념을 성립시킨 것은 일본 문화의 근대화 과정에서 보이는 전통과의 단절 현상이리라. 덴포생이 무시당한 것도 근대 일본과 무관한 시대에 성장한 사람들이었기 때문이다. 이에 비해 패전 전후의 관계는 어떨까? 예를 들어 교육계를 보면, 분명 교육 이념을 비롯하여 제도·내용에 큰 변화가 있었다. 전전과 비교해서 비약적인 변화가 보이기는 하지만 메이지유신 전후와 같은 단층은 느껴지지 않는다. 오히려 메이지기 학제 성립 이후 일관된 발전을 뒤쫓는 것이 근대 교육사의 상식적인 이해라 해도 좋을 것이다. 요컨대 현대에서 보자면 1868년 이전은 단절되어 무관한 저 너머이지만, 1945년은 역사가 전환한 시기이긴 해도 그 이전과 밀접하게 이어져 있다. 메이지는 바로 현대의 기점이기 때문에 메이지생은 현대에 존재감을 과시할 수 있다는 말이 된다.

이러한 역사 관점에 대하여, 1960년대 들어 에도시대가 현대에 갖는 의미를 적극적으로 평가하자는 견해가 나왔다. 일본인뿐 아니라 외국인 가운데서도 그런 관점에서 메이지 이전에

---

5) 데라코야(寺子屋)는 기초적인 읽고 쓰기를 중심으로 한 서민의 교육 기관이다. 데나라이주쿠(手習塾)라고도 한다.

관심을 보이는 연구자가 나타났다.[6] 해외에서 근세에 관심이 높아진 것은 60년대부터 현저했던 일본의 경제 발전과, 서구 측 일원으로서 명확해진 정치적 입장과 관련되며, 일본의 근대화=서구화 성공의 배경에 일본이 서구의 역사와 유사한 봉건 제도를 거쳤다는 인식을 일부 외국인 연구자가 갖게 되었기 때문이다.

일본 국내의 조건에서도 1960년대에 들어 고도 경제 성장과 기술 혁신의 큰 조류에 따라 봉건제의 극복은 더 이상 현실적인 과제가 아니게 되었다. 그런 만큼 봉건제라든지, 근세라는 시대를 객관시하는 여유를 현대인이 갖게 된 것이다.

거기서 단순히 회고적 취미를 넘은, 에도시대 혹은 일본 봉건제를 재평가하자는 견해가 표명되었다고 생각한다. 나 역시 일찍이 졸문 「도쿠가와 3백 년의 유산」(『주오코론中央公論』 1964년 9월호)을 발표했지만 다시금 예전 원고에 손을 대서, 특히 근년에 붐이라고도 할 만한 일본 중세사의 새로운 견해에 다소 자극을 받으며 일본 근세사가 현대에 갖는 의미를 나름대로 서술하겠다.

---

6) [원주] 예를 들면 다음의 논문집이 대표적이다. *Studies in Institutional History of early Modern Japan*, edited by John W. Hall and Marius B. Jansen (Princeton University Press, 1968). /『德川社會と近代化』(ミネルヴァ書房, 1973).

제 1 장

'일본적' 문화의 형성

1.1 이른바 '일본적'인 것과 근세

일본의 근대는 1868년 메이지유신에서 시작한다. 혹은 더 거슬러 올라가더라도 1853년 페리 내항을 변혁의 기점으로 역사와 문화에 커다란 단층이 있다. 이것이 지금까지 일본인이나 외국인 할 것 없이 일반적이고 상식적인 일본사의 관점이었다.

그런 관점에 서면 현대 일본인은 양립할 수 없는 두 개의 문화적 요소를 혼재시키는 셈이 된다. 요컨대 메이지 이후 급속하게 수용한 서구적 문화와 근대 이전의 전통적 문화가 그러하다. 특히 외국인들은 일본인이 세계적 첨단 산업기술과, 이른바 '일본적'인 전통문화를 병존시키는 것에 강한 호기심을 느끼곤 한다.

일본인으로서는 해외에서 전근대 전통적인 문화만 일본 문화로 소개되는 것에 매우 위화감을 느낀다. 때때로 신문에서 화제가 되기도 하는데, 외국 교과서에 일본의 전통 풍속 같은 것이 과장되어 게재된 것이 신경 쓰여 정부로서도 정정 요구를 했다는 이야기도 있다. 그러나 나 역시 그렇지만 일본인들이 외국인에게 주려고 고른 작은 선물이나 크리스마스 카드가 종종 너무도 '일본적' 취향의 문양이나 양식인 것이 많다.

그 '일본적'인 것은 이 땅의 풍토에 고유한 특성이라고 이해되는 경우가 많다. 요컨대 시간과 역사를 뛰어넘어 일본인 안에 정착한 풍속·습관·생활 혹은 사고방식 등이 존재하며, 외래문화나 사상도 어느덧 그 속에 흡수·동화되고 만다. 메이지 이전의 일본인이 지닌 문화란 이런 풍토에 뿌리 내려 역사를 뛰어 넘어 일관되게 전해진 문화라는 관점이 성립한다.

그러나 '일본적'이라고 언급되는 문화적 사상事象 중에 어느 정도가 시대를 초월하여 일관되게 일본에서 지속된 것일까? 예를 들면 요즈음 미국 주변에서는 일식이 붐이라고 한다. 이것은 미국인들이 건강을 위해 식습관 개선을 시도하며 생겼겠지만, 한편으로는 일본에 대한 관심이 불러온 결과일 것이다. 대표적인 일식이라 하면 스시·덴푸라·스키야키[1]일 텐데 이것들은 언제부터 일본인이 먹기 시작하였을까?

---

1) 일반적으로 스시는 초밥, 덴푸라는 튀김으로 번역하지만, 여기서는 어원에 대한 이야기가 이어지므로 일본어 그대로 쓴다. 스키야키(鋤燒)는 소고기나 닭고기에 파, 구운 두부 등과 함께 국물을 조금 부어 끓이면서 먹은 전골과 비슷한 냄비 요리이다. 메이지유신 전 육식을 꺼리던 때에 야외에서 가래(鋤) 위에 올려 구워서 먹었기 때문이라는 설, 고기를 얇게 썬 것(=스키미)을 썼기 때문이라는 설이 있다.

스키야키는 막말부터 먹기 시작했는지도 모르겠지만 보급
된 것은 메이지에 들어서이다. 스시의 기원은 오랜 옛날이지만
니기리즈시[2]는 '에도마에'라 부를 정도니,[3] 에도시대 그것도
후기에 출현한 것이다. 덴푸라에 대해서는 에치고越後 시오자와
鹽澤[4]의 스즈키 보쿠시[5]가 저술한 『북월설보北越雪譜』중 산토
교잔[6]이 증보한 부분에 기원에 관한 설이 실려 있다.

교잔이 에치고에 놀러 가서 스즈키 보쿠시의 친척인 오지
야[7]의 이와부치岩淵 집안에 신세를 졌다. 마침 그때가 연어
철이라 어느 날 밥상에 연어 튀김이 올라왔다. 교잔이 집안사
람에게 요리 이름을 묻자 '덴푸라'라고 했다. 그러나 이름의
유래는 나이 든 어르신도 몰랐다고 한다. 교잔은 '덴푸라'의
유래를 다음과 같이 설명했다.

지금부터 50여 년을 거슬러 올라간 덴메이天明 초기(1780

---

2) 초밥 종류 중에 니기리즈시(握り寿司)는 '쥐다'라는 뜻의 '니기루'와
   스시가 합쳐진 말이다. 쥐어서 뭉친 밥 위에 생선살 등 재료를 올린 것
   으로, 우리가 일반적으로 생각하는 스시이다.
3) 에도마에(江戸前)란 도쿄 전면의 바다라는 뜻으로 여기서 잡힌 생선
   맛이 좋다고 한 데서 비롯한다.
4) 에치고는 옛 국명으로 지금의 니가타현(新潟縣) 지역이며, 시오자와는
   그 동남부에 위치한 지명이다.
5) 스즈키 보쿠시(鈴木牧之, 1770~1842)는 에도 후기 에치고 출신의 문인
   이다.
6) 산토 교잔(山東京山, 1769~1858)은 에도 후기의 극작가로, 마찬가지로
   극작가이자 풍속 화가였던 산토 교덴의 동생이다. 작품으로는『복수
   매배산물어(復讐妹背山物語)』,『교초여방형기(教草女房形氣)』등이
   있다.
7) 오지야(小千谷)는 지금의 니가타현의 중앙, 에치고 평야 남단에 위치한
   지명이다.

년대), 오사카에 하인을 네댓이나 부릴 형편인 스물 일고여덟 살 먹은 리스케利助라는 차남이 있었다. 어느 날 자기보다 두 살 연상의 기생을 데리고 에도로 도망쳐서 우리 집 건너편 뒷골목에 살았다. 어느 날 내친김에 우리 집에 한번 오고 나서부터는 항상 드나들게 되어 하인처럼 심부름을 시키곤 했다. 유곽을 제집 드나들듯이 하다 망한 처지라 말주변이 좋고 재미있으면서도 재주도 좋고 일처리를 잘 하니, 아쉬운 점은 돈이 없는 것이라며 돌아가신 형(교덴)도 농담처럼 말하였다.

어느 날 리스케가 말했다. "에도에는 '고마아게'를 파는 노점이 많습니다요. 오사카에서는 '쓰케아게'라고 부릅니다.[8] 생선살에 깨를 묻혀 튀긴 것이 정말 맛있는데 에도 야시장에는 아직 파는 사람이 없습죠. 제가 한번 팔아볼까 하는데 어떨까요?" 돌아가신 형님이 "좋은 생각일세. 우선 시험 삼아 해보게"라며 한번 만들어 보라고 하셨는데 맛이 꽤 좋았다. 리스케가 청하였다. "이걸 밤에 노점에서 팔 때 각등에 '생선 고마아게'라 써서 걸어둔다고 해도 뭔가 부족한데요, 좋은 이름 좀 지어주십시오." 형님께서 한동안 생각 끝에 붓을 들어 '덴푸라天麩羅'라 써서 보여 주니, 리스케가 갸우뚱하면서 이름의 이유를 여쭈었다. 형님께서 빙그레 웃으며 "자네는 지금 천축국天竺國의 낭인일세. 훌쩍 에도에 와서 장사를 시작하니 '덴푸라天ぷら' 아닌가?[9] '푸라'란 말에

---

[8] '고마(胡麻)'는 참깨를 뜻하며 '아게(揚げ)'는 튀김을 가리킨다. '쓰케(付け)'는 붙인다는 뜻이다.

[9] 일본어에서 발음이 유사한 점을 이용한 일종의 말장난이다. '덴푸라'의 덴은 천축의 천과 발음이 같고, '푸라'는 별 목적 없이 훌쩍 나가거나 찾아오는 모양을 가리키는 '부라리(ぶらり)'와 발음이 비슷한 데서, 천축 낭인이란 뜻과 연결시키고 있다.

부라麩羅라는 한자를 붙인 까닭은 밀가루를 얇게 씌웠기 때문일세. 왜냐하면 밀기울麩은 밀가루에서 만들어지고 '라'는 얇다는 뜻이거든"이라고 농을 치며 말씀하시자, 리스케도 익살스러운 데가 있는 사람이라 "천축 낭인이 훌쩍 왔으니, '덴푸라'란 이름은 말이 됩니다요"라며 크게 기뻐하였다.

이윽고 노점을 낼 때 각등을 가져와 글자 좀 써달라고 부탁하기에 어린 내가 '덴푸라'라고 큰 글씨로 써 주었다. 덴푸라를 하나에 4전에 파는데 매일 밤 다 팔아치웠을 정도였다. 그런데 한 달이 채 못 되어 주변 곳곳에 덴푸라를 파는 노점이 들어섰다. 지금은 덴푸라라는 이름이 기름방울 튀듯이 세상에 퍼져 이곳 오지야까지도 덴푸라라고 부르게 되다니 신기한 일이다. 그렇지만 교덴 옹께서 이름을 지어주시고 리스케가 처음 팔기 시작했다는 것은, 아무리 대단한 석학 유학자 선생이라도 알지 못할 것이다.

교잔은 '덴푸라'라는 이름이, 천축낭인 즉 오갈 데 없던 리스케가 훌쩍 에도로 온 것을 두고 자신의 형인 산토 교덴[10]이 붙인 데서 시작했다고 말하지만, 그가 말하는 덴메이 초기보다는 더 일찍 나타난 듯하다. 일설에는 스페인어 Tempora가 어원으로 천주교에서 금요일을 뜻하는 이 날에는 육식을 하지 않고 생선을 요리하는 데서 유래하여 일본어가 되었다고도 한다.

---

10) 산토 교덴(山東京傳, 1761~1818)은 에도 후기 극작가이자 풍속 화가이다. 작품으로는『강호생염기화소(江戶生艶氣樺燒)』,『심학조염초(心學早染草)』,『앵희전전서초지(櫻姬全傳曙草紙)』등이 있다.

어찌 됐든 이름도 조리법도 에도 중기 이후에 퍼진 것은 틀림없다. 더욱이 일식이라 하면 오늘날에는 가이세키 요리를 가리키지만 그것이 일반화한 것은 덴푸라보다 늦은 덴포기라고 한다.[11] 요컨대 일식을 대표하는 요리는 근세 중반 이후에야 시작되거나 보급되었다고 할 것이다.

음식만이 아니다. 의복을 보더라도 현재의 기모노和服와 모모야마 시대의 풍속화,[12] 예를 들면 히코네 병풍[13]이나 낙중낙외도[14]에 그려진 의상은 양식이 매우 다르다. 소매 길이를 비롯하여 지금 같은 기모노의 기원은 겐로쿠에서 찾을 수 있다.[15] 허리띠인 오비帶 폭이 지금처럼 넓어진 것도 겐로쿠기 전후이다.

기타무라 노부요[16]의 『희유소람嬉遊笑覽』에는 분로쿠文禄・

---

11) 가이세키(會席) 요리는 원래 일본의 독특한 시가인 렌카(連歌)나 하이카이(俳諧)를 읊는 시회에서 내놓는 혼젠(本膳)을 간소화한 요리를 뜻하는데, 점차 주연 자리에 내는 고급 요리를 가리키게 되었다.

12) 16세기 후반 도요토미 히데요시(豊臣秀吉)가 정권을 잡았던 약 20년 간의 시기를 가리킨다. 미술사에서는 아즈치(安土)・모모야마(桃山) 시대와 에도 초기를 포함하여, 중세에서 근세로 이행하는 과도기로서 중요시된다.

13) 히코네번(彦根藩) 이이(伊井) 가문에 전하는 여섯 폭 한 쌍의 풍속도가 그려진 병풍으로 에도 초기 풍속화의 수작이다.

14) 낙중낙외도(洛中洛外圖)는 교토 시내와 근교의 명소와 생활풍속을 부감하여 그린 회화를 가리킨다. '낙'이란 수도를 뜻하는데, 후한 이후 낙양이 여러 나라의 수도였던 데에서 비롯한다. 일본에서는 교토를 가리킨다.

15) 겐로쿠(元禄)는 에도 중기 히가시야마(東山) 천황 때의 연호이며 겐로쿠기는 1688년 9월 30일에 개원하여 1704년 3월 13일 호에이(寶永) 개원까지 16년간이다.

16) 기타무라 노부요(喜多村信節, 1783~1856)는 에도 후기 국학자로 박람

게이초慶長 무렵 "오비에 쓰이는 천은 대개 전체 폭이 2척 5촌인데, 이를 4분할하면 폭이 세 촌정도인 오비가 된다. (중략) 간분寛文 말엽부터 폭이 넓어지는데 엔포延寶 무렵에는 점점 더 넓어져서 순자純子 3분할, 2분할이라 하여"라고 하였다.[17] 또 다자이 슌다이[18]의 『독어獨語』에도 "조쿄貞享·겐로쿠 무렵부터 점차 넓어져서 지금의 경척鯨尺으로 재면 8, 9촌에 이른다"라고 적고 있다. 길이도 이하라 사이카쿠[19]의 『호색일대녀好色一代女』에는 "1장 2척의 오비는 묶는 데도 기력이 달린다. 옛날에는 여자용 오비는 6척 5촌에 한했는데, 요즘에는 긴 것을 좋아하는 풍조가 볼썽사납다"(권4,「신체장침身替長枕」)라고 나온다. 머리 모양도 현재 대표적인 시마다마게나 마루마게[20]의 기원은 겐로쿠보다 조금 이른 간분 무렵이며, 보급된 것은 겐

강기하였다고 하며 여러 가지 풍속 등을 고증하였다.

17) 오비는 보통 천을 반으로 접은 뒤 기워 만든다. 따라서 2척 5촌의 옷감을 4등분한 오비의 폭은 3촌 가량이 된다. 순자는 일반적으로는 단자(緞子)라고 쓰며, 일본어로는 '돈스'라 읽는다. 광택이 있고 문양이 들어간 두꺼운 수자직(繻子織)의 견직물이다. 천을 3등분하거나 2등분하여 4등분한 것보다 폭을 넓힌 오비가 유행하였다.

18) 다자이 슌다이(太宰春臺, 1680~1747)는 에도 중기 유학자로 다지마(但馬) 이즈시번(出石藩)에 출사하였으나 얼마 지나지 않아 그만두고 오규 소라이(荻生徂徠)를 사사하였다. 경서와 경제에 밝았고 중국어를 잘하였다. 저서로『성학문답(聖學問答)』,『논어고훈(論語古訓)』,『경제록(經濟錄)』등이 있다.

19) 이하라 사이카쿠(井原西鶴, 1642~1693)는 에도 전기 통속 소설 작가이자 시인으로 당시 사회상을 적나라하게 그린 다수의 작품을 썼다. 대표작으로『호색일대남(好色一代男)』,『무도전래기(武道傳來記)』등이 있다.

20) 시마다마게(島田髷)는 주로 미혼 여성이 틀어 올린 머리 모양의 하나이며, 마루마게(丸髷)는 기혼 여성의 머리 모양의 하나로 타원형으로 평평하게 올렸다.

로쿠기이다. 요컨대 흔히 말하는 '일본적' 풍속은 겐로쿠기를 전후로 획기적인 변화가 시작되어 지금까지 이어지는 것이다.

예술·예능 방면으로 눈을 돌리면 '일본적' 특질을 가졌다고 일컬어지는 다수는 에도시대의 소산이다. 가부키歌舞伎 연극이 대표적인데, 근세 초기 이즈모의 오쿠니[21]가 '가부키오도리'를 춘 데서 발생하여 겐로쿠 이후 예술적으로 향상된 연극임은 새삼스레 말할 필요도 없다. 마찬가지로 샤미센[22] 음악이나 우키요에[23] 역시 모두 근세에 발생하여 보급된 것이다.

고토箏는 고대에 도래한 악기인데, 궁정에 전해진 아악에서 쓴 거문고는 별도로 하더라도 민간에 보급된 거문고 곡은 겐로쿠보다 조금 앞서 야쓰하시 겐교八橋檢校(1614~1685)가 일찍이 규슈에 전해진 지쿠시고토筑紫箏를 기본으로 하여 새로운 곡을 만들어 교토에 퍼뜨린 데서 비롯되었다고 한다. 이것이 에도로 전해져 호에이寶永 연간 이쿠다 겐교生田檢校(1656~1715)가 이쿠다 유파를 일으켰고, 뒤이어 간분 연간에 야마다 겐교山田檢校(1757~1817)가 야마다 유파를 열었다. 이 두 유파에 의해 오늘날의 거문고 곡이 성립하였다.

---

21) 오쿠니(阿國)는 오쿠니가부키의 창시자로 이즈모 대사(出雲大社)의 무녀라고 일컬어지나 출신지는 불분명하다. '오도리'는 춤이란 뜻이다. 오쿠니는 교토에서 염불을 외우면서 춤을 추는 넨부쓰오도리(念佛踊)를 흥행시켜 널리 애호되었으며, 이것이 가부키오도리로 발전하였다. 1613년 이후 사망한 것으로 전한다.

22) 샤미센(三味線)은 세 줄로 된 일본의 현악기로 사각형의 납작한 동체 양쪽에 고양이 가죽을 대었다.

23) 우키요에(浮世繪)는 에도시대 성행한 풍속화로 화류계 여성과 가부키 배우 등이 인기 소재였다.

이처럼 이른바 '일본적' 특질을 보인다고 여겨지는 여러 사실의 일부를 들어 검토하면, 근세 문화와 밀접하여 불가분의 관계에 있음을 알 수 있다. 그 관계 양상을 분류해 보면 대개 다음과 같다.

1. 근세의 소산이다.
2. 근세 이전부터 존재하였어도 형태는 이 시대에 완성되었다.
3. 마찬가지로 근세 이전부터 존재하였지만 이 시대에 널리 일본 민중에게 정착되었다.
4. 마찬가지로 발생·출현은 근세 이전이지만 '일본적' 성격을 띠게 된 것은 이 시대이다.

'일본적' 특질의 대부분은 위와 같이 인정할 수 있다. 제1항은 이미 몇몇 사례를 설명하였다. 거문고 곡은 제2항에 해당될 터인데, 제2항과 제4항에 관해서 좀 더 많은 사례를 들어 설명하겠다. 다만 시점을 조금 달리하여 근세 사회에서 아래 두 가지 점을 논하겠다.

1. 일본 고전 문화의 영상이 서민층에서 완성된 점.
2. 애초에 이국취미로서 수용된 것이 '일본적' 성격을 띠게 된 점.

1.2 일본 고전 문화의 영상 완성

일본의 고전 문학은 원래 근세의 소산이라고 할 수는 없지만, 그것이 서민층에 개방되고 정착된 것은 근세였다. 와카^{和歌}를 예로 들면 먼 옛날의 『만엽집』[24]에는 서민이 지은 노래가 많이 수록되어 있다. 『고금집』[25]도 서문에서 "꽃 속에서 우는 꾀꼬리, 물에 사는 개구리의 소리를 듣는다면, 살아있는 모든 생물 어느 것이 노래를 읊지 못하겠는가?"라 적었듯이 와카의 세계는 폐쇄적이지 않았다. 그런데 중세에 들어서 양상이 달라진다.

중세의 가업^{歌業}에는 고금 전수의 권위가 엄중해지고 있었다. "고금 전수는 어디까지나 고금집 강연^{講筵}으로 와카 연습에 준하는 순정한 것이었다"(요코이 가네오^{橫井金男}『고금전수연혁사론^{古今傳受沿革史論}』)라고 변호하는 주장도 있지만, 무로마치^{室町}시대에 도노 쓰네요리^{東常緣}(1401~1494)가 고금 전수의 형식을 정비한 후에는 그러한 주장도 "형식만 앞서가고 내용은 거의 텅 비어 왜곡되는 것은 어쩔 수 없는 자연스러운 흐름이다"

---

24) 『만엽집(萬葉集)』은 만세에 전할 만한 모음집이라는 뜻으로, 일본에 현존하는 가장 오래된 시가집이다. 전20권. 닌토쿠(仁德) 천황의 황후가 지었다는 노래부터 시가 4,500여 수와 한시, 서간 등도 수록되어 있다. 7세기 후반부터 8세기 후반에 걸쳐 정리되었다는 설이 유력하다.

25) 『고금집』은 『고금와카집(古今和歌集)』의 약칭이다. 헤이안(平安) 전기 다이고(醍醐) 천황의 하명으로 10세기 초에 간행된 칙찬 시가집이다. 와카(和歌)란 중국의 한시에 대하여 고대부터 일본에서 읊어진 정형시를 가리킨다. 나라 시대에는 '왜가(倭歌)'라고 쓰고 '왜시(倭詩)'라 하였다.

라고 인정할 수밖에 없는 상태가 되어, 비사秘事 구전의 계승이 신성시되었다.

1600년 세키가하라 전투[26]에서 호소카와 유사이細川幽齋는 아들 다다오키忠興가 도쿠가와 이에야스德川家康를 따라 동정東征에 나서자, 단고[27]의 다나베성田邊城을 지키고 있었다. 7월 20일부터 이시다石田 측의 부장이던 오노기 누이도노스케 기미사토小野木縫殿助公鄕 등이 이끄는 1만 5천여 병력에 포위되어 성이 함락될 상황이 되었다. 호소카와 유사이는 겐키元龜 말부터 덴쇼天正 초기 무렵(1572~1576) 산조니시 사네키三條西實枝에게 고금 전수를 받았다. 도노 쓰네요리 이래의 계보를 보면 다음과 같다.

도노 쓰네요리─소기宗祇─산조니시 사네키

　　─산조니시 긴에다公條─호소카와 유사이

만약 다나베성이 함락되어 유사이가 전사라도 하게 되면, 가도歌道의 비밀은 오래도록 끊어지고 만다. 고요제이後陽成 천황은 이를 깊이 탄식하여 마침내 7월 12일, 나카노인 주나곤 미치카쓰中院中納言通勝 등을 다나베성에 칙사로 파견하여 양측의 군을 설득시켰다. 호소카와 유사이는 하는 수 없이 성을

---

26) 세키가하라(關ヶ原) 전투는 1600년 9월 15일 세키가하라에서 이시다 미쓰나리(石田三成)가 이끄는 서군과 도쿠가와 이에야스가 이끄는 동군이 천하 패권을 두고 싸운 합전을 가리킨다. 동군이 대승하여 도쿠가와 이에야스가 천하의 실권을 장악하였다.

27) 단고(丹後)는 지금의 교토 북부에 있던 옛 국명이다.

내어 주고, 단바[28])의 가메야마성龜山城으로 퇴각하였다. 그 후 유사이는 하치조노미야 도시히토八條宮智仁 친왕親王에게 고금집을 전수하였다. 근세 초두 궁정 귀족에게 고금 전수의 권위가 얼마나 중요했는지를 보여주는 사건이다.

고금 전수로 대표되는 중세 가도歌道의 전통적 권위는 17세기 말, 겐로쿠 전후에 이르러 도다 모스이戶田茂睡(1629~1706)·시모코베 조류下河邊長流(1627~1686)에 의해 무너지고 말았다. 도다 모스이는 중세 이래 궁정 귀족 사회의 가도가 지켜온 가사의 강한 제약에 도전하였다. 1665년 정월, 모스이가 37세가 되던 봄에 표명한 다음과 같은 비판문에서 시작되었다.

> 노래는 야마토大和의 말이니, 사람들이 하는 말을 노래로 하지 못할 것이 없다. 그런 것이 언제부터인지 노랫말에 제약을 만들고 (중략) 노랫말에 빗장을 걸어두어 사람들의 마음이 향하기 어렵게 길을 좁혀 버렸으니, 마땅히 노래에 대한 제약을 제일 먼저 폐지해야 한다.(『관문오년문사寬文五年文詞』)

와카의 도는 "천한 사람들이라도 이 도리를 따름에 어떠한 장애 없이 널리"(『이본집梨本集』서, 1698) 통하는 것이어야 함에도 "심하게 노랫말에 제약이 걸리니, 그렇지 않아도 어리석은 사람은 배우기 어렵게 되었다. 여기저기 막혀버리니 학문도 정체되고 마음이 지치기도 하여 배우기 어렵다며 내팽개치게

---

28) 단바(丹波)는 지금의 교토부와 효고현(兵庫縣) 일부 지역에 있던 옛 국명이다.

된다. 이런 노래법이 널리 세상에 퍼지니 빈천한 사람들까지 일본풍을 아는 것은 어려울 것이다."(『백인일수잡담百人一首雜談』, 1692년 간행). 전쟁 없는 평온한 세상이 되어 옛날의 세키쇼[29]도 철폐되고 여행자도 마음대로 통행할 수 있게 된 시대에 나쁜 노랫말도 아닌데도 제한을 두어서는 안 된다, 노래의 도가 세상에서 융성하려면 빗장을 부수고 길을 넓혀야 한다고 주장하였다.

시모코베 조류는 1666년, 즉 도다 모스이가 궁정 전통의 가학을 비판하는 글을 지은 다음 해에 가집 『임엽루진집林葉累塵集』 편찬에 착수하였는데, 그 방침을 다음과 같이 적고 있다.

> 세상에 관위 있는 사람은 나와 같은 부류가 아니니, 그런 사람들의 노래는 거의 싣지 않는다. 그저 지위 없는 뭇 씨족들을 비롯하여, 저잣거리의 상인이나 산간에서 농사짓는 농부, 혹은 나무 아래 바위 위 정처 없는 승려의 노래에서 좋은 소절 하나를 넣으려고 이를 찾아다녔다.

와카집이라 하면 거의 대부분 궁정 가인의 노래로 한정되었던 중세 이래의 전통을 깨고, 서민이 지은 뛰어난 노래 1,360여 수를 골라 『임엽루진집』 스무 권을 편찬하였다. 이 무렵부터 와카는 다시금 서민의 문학으로 개방되었다.

도다 모스이는 막신幕臣인 와타나베 다다시渡邊忠의 아들이다. 부친은 스루가노 다이나곤 다다나가駿河大納言忠長의 측근으

---

29) 세키쇼(關所)는 교통 요지나 국경에 세워 통행을 검사하고 탈출이나 침입에 대비한 시설이다.

로 다다나가의 개역[30] 당시 벌을 받아 시모쓰케[31] 구로바네번黑羽藩의 오제키가大關家에 맡겨지게 되었다. 이때 그 역시 부친을 따랐고 나중에 사면되어 에도로 돌아가 숙부인 도다 마사쓰구戶田政次의 양자가 되었다. 그 역시 야마토大和 고리야마번郡山藩의 혼다本多 가문에서 일하다 얼마 지나지 않아 낭인이 되어 에도 교외에서 은둔생활을 시작했다. 시모코베 조류는 야마토 고이즈미번小泉藩의 가타기리片桐 가신의 아들로 태어났다. 한때 산조니시三條西 가문을 섬겼으나 이윽고 오사카에 은거하였다. 이렇게 두 사람 모두 공통적으로 무사 출신이었지만 낭인이 되어 대도시 일각에서 은둔생활을 하였다. 유사한 경력을 가진 사람으로 게이추契沖도 있다.

게이추(1640~1701)는 셋쓰[32] 아마가사키尼崎 성주 아오야마씨青山氏의 가신인 시모카와 모토타케下川元全의 아들로 열한 살에 출가했다. 고야산[33]에서 수학하고 스물셋에 나니와難波 이쿠타마生玉의 만다라원曼陀羅院 주지가 되었지만 번잡한 절의 사무를 꺼려 절을 떠나 방랑하며 기식 생활에 들어갔다. 마흔 무렵에 모친을 봉양하기 위해 나니와 이마자토今里에 있는 묘법

---

30) 개역(改易)이란 에도시대 영지와 가록을 몰수하는 처벌로, 칩거보다 무겁고 할복보다는 가볍다. 제2대 쇼군 도쿠가와 히데타다의 3남인 다다나가는 스루가번(駿河藩)을 다스렸기에 스루가노 다이나곤이라 불렸다. 1631년 행실이 바르지 못하다는 이유로 칩거를 명령받았으며, 히데타다 사후 유언비어 유포를 명분으로 개역 처분을 받아 영지가 몰수되었다.

31) 시모쓰케(下野)는 지금의 도치기현(栃木縣)에 있던 옛 국명이다.

32) 셋쓰(攝津)는 지금의 오사카부 지역에 있던 옛 국명이다.

33) 고야산(高野山)은 와카야마현(和歌山縣) 북동부에 있는 산으로 진언종의 영지이다.

사妙法寺 주지가 되었다가, 1690년 모친이 세상을 떠나자 제자 뇨카이如海에게 절을 맡기고 은둔하였다. 이 기간 동안 시모코베 조류의 추천으로 미토水戶의 도쿠가와 미쓰쿠니德川光圀에게 가서 『만엽대장기萬葉代匠記』를 저술하였다. 그러나 미토에서 관직에 오르지는 않았다.

그는 『만엽집』 연구에 획을 그었다. 나아가 『고금집』, 『겐지 이야기源氏物語』, 『이세 이야기伊勢物語』 등 고전 문학에 대해 비사구전秘事口傳 등에 번민하지 않고 문헌 실증주의적 연구 방법을 확립하였으며, 일본어 연구의 길도 열었다. 그에게는 선배나 스승이 없었다고 하는데, 궁정 귀족의 문학과는 무관하게 일본 고전 연구의 세계를 개척하였다.

기타무라 기긴北村季吟(1624~1705)도 이들과 동시대를 살았다. 그의 가학은 아스카이 마사아키飛鳥井雅章나 시미즈다니 사네나리淸水谷實業 등 궁정 귀족의 가도歌道를 계승하였다. 또한 1689년 예순여섯 때 큰아들 고슌湖春과 함께 5대 쇼군 쓰나요시綱吉를 섬기며, 막부의 가학방歌學方이라는 지위를 얻었다. 일부러 은거의 길을 선택한 모스이·조류·게이추와는 경력이 달랐다. 그러나 그의 주요 업적인 고전 문학 주석서, 예를 들면 『도연초 문단초徒然草文段抄』(1667년 간행), 『겐지 이야기 호월초源氏物語湖月抄』(1675년 간행), 『마쿠라노소시 춘서초枕草子春曙抄』(1729년 간행) 등은 모두 이후에 고전의 기본주석서로서 널리 유포되어, 서민이 고전 문학에 다가가는 데 적지 않게 공헌한 점은 인정해야 할 것이다.

이렇게 쌓아올린 일본 고전 문학의 기초 위에 국학이 전개된다. 국학도 에도·교토·오사카보다는 지방의 서민층, 특히 신직神職은 처음부터 그랬지만, 의사·상인·지주 호농층으로 널리 침투하여 그들의 교양으로 정착했다는 데 중요한 의미가 있다. 이른바 국학의 4대 인물 가운데, 가다노 아즈마로荷田春滿(1669~1736)는 후시미[34] 이나리稻荷의 사관祠官 집안 출신으로 교토와 가깝지만, 가모노 마부치賀茂眞淵(1697~1769)는 하마마쓰[35]의 신직 오카베岡部 가문에서 태어나 하마마쓰의 본진本陣 우메야梅谷 가문을 이었다. 모토오리 노리나가本居宣長(1730~1801)는 이세伊勢 마쓰자카松坂의 상인 오즈小津 가문 출신으로 개업의가 되었다.

마부치 문하의 가토 에나오加藤枝直(1692~1785)는 이세 사람으로 4대 전에는 기슈가[36]에서 사관직을 맡았지만, 그 후 아마 낭인이 되었을 것이다. 에나오는 에도로 와서 마치요리키[37]의 가부株를 사서 오오카 다다스케大岡忠相에 배속되었다. 무라타 하루미村田春海(1746~1811)는 에도 사람으로 니혼바시

---

34) 후시미(伏見)는 지금의 교토시 남부에 있는 지역으로 도요토미 히데요시가 건설한 시가이다.

35) 하마마쓰(濱松)는 지금의 시즈오카현(靜岡縣) 서부에 있는 지역으로 도쿠가와 이에야스의 거성이었다.

36) 기슈가(紀州家)는 도쿠가와 고산케(御三家)의 하나로, 도쿠가와 이에야스의 10남 요리노부(賴宣)에서 시작한다. 기슈번 번주로 55만 5천석 영유. 제8대 쇼군 요시무네(吉宗)와 제14대 쇼군 이에모치(家茂)를 배출하였다. 기이가(紀伊家), 기슈 도쿠가와가라고도 한다.

37) 마치요리키(町與力)는 에도시대 관직명으로 마치부교(町奉行)의 지배를 받는다. 도신(同心)을 지휘하며 범죄자의 체포와 재판, 소방 감독, 시중 경비 등 시정 전반을 담당하였다.

日本橋고부나초小舟町에서 정어리 찌꺼기를 말려 비료로 팔던 도매상이었다. 가토리 나히코楫取魚彦(1723~1846)는 시모우사[38] 가토리군香取郡 사와라초佐原町의 구가舊家인 이노가伊能家 출생이다.

노리나가 문하로 노리나가 사후에 문인이 된 반 노부토모伴信友(1773~1846)는 자쿠슈[39] 오바마번小濱藩의 번사였다. 노리나가의 양자 오히라大平(1756~1833)는 마쓰자카의 두부 가게 아들이고, 오히라의 양자 우치토오內遠(1792~1855)는 나고야名古屋의 서적상이었다. 또 우에마쓰 아리노부植松有信(1754~1813)는 나고야에서 낭인으로 판목版木을 새기는 가게를 운영하면서 노리나가의 『고사기전古事記傳』을 간행하였다. 핫토리 나카쓰네服部中庸(1756~1824)는 이세 마쓰자카의 의사, 후지이 다카나오藤井高尙(1764~1840)는 빗추[40] 기비쓰노미야吉備津宮의 사관祠官이었다.

이 밖에도 노리나가 문하에는 나누시·쇼야[41]나 지주·호농층으로 보이는 사람들이 다수 참가하여 그 지역에서도 확대되었다. 요컨대 이시와라 마사아키라石原正明(1821년 몰)는

---

38) 시모우사(下總)는 지금의 지바현(千葉縣) 북부와 이바라기현(茨城縣) 일부를 차지하던 옛 국명이다.

39) 자쿠슈(若州)는 지금의 후쿠이현(福井縣) 서부 지역에 있던 옛 와카사국(若狹國)의 별칭이다.

40) 빗추(備中)는 지금의 오카야마현(岡山縣) 서반부에 있던 옛 국명이다.

41) 나누시(名主)는 무라(村)의 대표자로 지역에 따라 쇼야(庄屋), 기모이리(肝煎)라고도 한다. 연공 수납, 법령 준수, 주민 관리 등, 영주의 지배를 위한 업무를 담당하였으나, 마을공동체의 대표로서 연공 감액, 분쟁 조정의 역할도 하였다.

비슈[42] 아마군海部郡 가모리슈쿠神守宿 사람이며, 우치야마 마타쓰內山眞龍(1740~1821)는 엔슈[43] 도요다군豊田郡 오야무라大屋村의 나누시였다. 다케무라 시게오竹村茂雄(1769~1844)는 이즈[44] 기미사와군君澤郡 구마자와무라熊澤村의 나누시이고, 다나카 미치마로田中道麿(1730~1784)는 미노[45] 다기군多藝郡 한노키무라榛木村 사람이다. 또 규슈 아마쿠사天草 다카하마무라高濱村의 쇼야였던 우에다 요시우즈上田宜珍(1755~1829)는 모토오리 오히라에게 배운 사람이다.

히라타 아쓰타네平田篤胤(1776~1843)는 아키타秋田 번사 와다 사치타네和田祚胤 아들로 빗추 마쓰야마 번사인 히라타 아쓰야스平田篤穂의 양자가 된 인물로 무사였지만 그의 문하에는 노리나가때에 비해서도 지주·호농층이 현저히 늘어났다.

국학자로 혹은 막말 유신기 활동가로 이름을 날린 사람들의 배후에는 근세가 되면서 서민에게 개방되고 지방으로 확산된 고전적 교양을 지닌 지주·호농들이 상당히 많았다. 근세 사료 조사를 위해 각지의 구가 소장 문서류를 열람하면 그런 집안은 한적과 더불어 일본의 고전 서적을 소장한 경우가 많다. 대부분 유포판본인데 만약 조사 목적이 농촌의 경제사와 사회사

---

42) 비슈(尾州)는 지금의 아이치현(愛知縣) 서부에 있던 옛 오와리국(尾張國)의 별칭이다.
43) 엔슈(遠州)는 지금의 시즈오카현 서부에 있던 옛 도토우미국(遠江國)의 별칭이다.
44) 이즈(伊豆)는 지금의 시즈오카현 동부에 있던 옛 국명이다.
45) 미노(美濃)는 지금의 기후현(岐阜縣) 남부에 있던 옛 국명이다.

연구라면 그런 서적류는 간과되기 십상이다. 그러나 일본의 고전적 교양이 이렇게 널리 서민층에 뿌리를 넓혀 갔던 문화사의 가치는 중요하다.

　고전 지식의 보급은 나아가 민중의 역사상 형성에도 큰 영향을 끼쳤다. 예를 들면 "기요모리淸盛의 의사는 벌거벗고 맥을 짚는다"(『야나기다루柳樽』초편)라는 센류[46])를 알아듣고 웃음을 터뜨리기 위해서는 "입도상국[47])께서 병에 걸린 날부터 물조차 마시지 않으셨다. 몸이 불덩이처럼 뜨거워 누워계신 곳에서 4, 5 간[48]) 안에 드는 사람은 그 열기를 견디기 어려웠다"는 다이라노 기요모리의 마지막 모습을 서술한 『헤이케 이야기平家物語』의 기사가 어떤 형태로든 민중의 상식이었음이 전제되어야 할 것이다. 중세의 문학인 『헤이케 이야기』가 요즘에 유포된 것과 같은 형태가 된 것은 무로마치 시대로, 비파법사[49])에 의해 '평곡'[50])으로 읽혔다. 샤미센의 전래로 한때 비파는 쇠퇴했지만 근세가 되어 막부의 보호로 부흥했다고 한다.

---

46) 센류(川柳)는 5.7.5의 3구 17자로 된 짧은 시로 구어를 사용하며 세태와 풍속을 익살스레 묘사하는 것이 특징이다.

47) 입도상국(入道相國)은『헤이케 이야기』에서 출가한 뒤의 다이라노 기요모리를 지칭한다. 상국은 나라를 돕는 사람이란 뜻으로 태정대신(太政大臣) 등을 가리킨다.

48) 간(間)은 길이의 단위로 1간은 6척, 약 1.818m이다.

49) 비파법사(琵琶法師)는 승려 차림으로 전국을 돌아다니면서 비파 연주에 『헤이케 이야기』를 읊어주던 맹인 예능인을 가리킨다.

50) 평곡(平曲)이란 평가비파의 별칭으로, 비파법사들이 부르는 노래를 가리킨다. 『헤이케 이야기』는 평곡의 가사로서 성립하였다. 반주는 아악에서 비파 주법으로 발전했다고 여겨진다. 일본 전통 예능인 노(能)·조루리(淨瑠璃)·샤미센 음악 등에 크게 영향을 끼쳤다.

『태평기太平記』가 민중의 역사 상식 형성에 미친 영향은
더더욱 컸다. 『태평기』는 '태평기 강석'[51]으로 유포되었지만
이야말로 에도시대의 소산이다. 이것이 차차 군담과 뒤이은
강담으로 발전하여 서민의 오락·교양에서 중요한 위치를 차
지하였다. 그런 만큼 메이지시대의 사학 근대화의 선봉장들은
『태평기』가 만든 역사의 허상을 깨는 데 애를 먹었다.

시게노 야스쓰구[52]는 고지마 다카노리[53]의 실재를 부정하
여 '말살 박사'란 별명을 얻었다.[54] 1890년에는 구메 구니타
케[55]도 『사학잡지史學雜誌』에 「『태평기』는 사학에 무익」이라

---

51) 일본어 '다이헤이키요미(太平記讀み)'를 번역한 말이다. 에도시대 길가
에서 『태평기』나 『신장기(信長記)』 등의 강석이나 그 강석사를 뜻한다.
훗날 강담(講談)으로 이어진다.

52) 시게노 야스쓰구(重野安繹, 1827~1910)는 가고시마(鹿兒島) 번사 출
신의 한학자이자 역사학자이다. 메이지유신 후에는 관설 역사편찬소인
수사관(修史館)에서 수사 사업에 종사하였다. 도쿄제국대학 교수와
귀족원 의원을 역임하였다.

53) 고지마 다카노리(兒島高德)는 남북조 시대 무장으로 고다이고(後醍醐)
천황의 제2차 막부 토벌에 찬동하여 1331년 8월 천황의 거병에 응하여
비젠(備前)에서 봉기하였다. 그의 행적은 『태평기』에만 등장하여 실재
여부가 의문시된다.

54) [원주] 시게노 박사의 「고지마 다카노리 고(考)」라는 제목의 강연은
우선 1886년, 도쿄학사회원 <현 일본학사원(日本學士院)>과 뒤이어
1890년 사학회에서 열렸다. 대중을 향한 계몽은 아니었다고 생각하지
만, 당시 신문지상에 상당히 떠들썩하게 보도된 것을 보면 그 충격의
크기가 상상된다. 그러나 그 후에도 고지마 다카노리 상은 여전하여 나
같이 패전 전에 학교 교육을 받은 사람은 지하야성(千早城)의 구스노키
마사시게(楠正成) 등과 아울러 상식처럼 뿌리내렸다. 그러나 지금은
대학 교단에서 시게노 박사의 업적을 이야기할 때 우선 고지마 다카노리
이야기부터 설명하지 않으면 안 된다.

55) 구메 구니타케(久米邦武, 1839~1931)는 사가(佐賀) 번사 출신 역사학
자이다. 유신 정부에서 일하였으며 이와쿠라(岩倉)사절단의 일원이었
다. 도쿄대 교수를 역임하였고 근대 사학 창출에 힘썼다. 1891년 「신도

는 깜짝 놀랄만한 표제의 논설을 실었다.

　혹은 막말 이후가 되면『태평기』보다는 오히려 그것에 의거하여 사론을 전개한 라이 산요[56]의『일본외사日本外史』영향이 더 강했을지도 모르지만, 여하튼 메이지의 근대 사학 개척자들은 근세 민중에게 정착한 통속적 역사상을 지우려고 고군분투하였다. 그럼에도 불구하고 그 일부는 지금도 여전하다고 해야 할지도 모르겠다.

　근세 사회는 다양한 형태로 일본의 고전에 대한 지식·교양을 민중 속에 정착시켰다. 민중들은 일본 고전을 공통의 문화재로 수용하고, 거기서 상식적인 영상이 구성되었다.

는 제천의 옛 풍속(神道ハ祭天ノ古俗)」을 발표, 필화를 입어 사직하였다.

56) 라이 산요(賴山陽, 1780~1832)는 에도 후기 유학자로 비토 지슈(尾藤二洲)에게 배웠다. 역사학에 관심이 많아『일본외사』,『일본정기(日本政記)』등을 지었으며, 막말의 존양운동에 큰 영향을 끼쳤다.

1.3 이국취미 문화의 일본화-선

일본 문화를 구성하는 많은 요소가 외래문화, 특히 중국에서 전래된 것임은 새삼스레 말할 필요도 없다. 그러나 오늘날 '일본적' 문화의 대표라고 생각되는 것들이 실은 전래된 당초에는 '이국적'이었기 때문에 지식인들에게 환영받았다가, 근세에 들어선 후 그것이 '일본적' 성격을 띠게 되었다고 할 만한 것이 있다.

첫손가락에 꼽을 만한 것이 바로 선禪이다. 원래 좌선은 불법 수행의 기본인 계정혜[57] 삼학 중 정이므로, 당연히 일본에도 일찍부터 전해졌을 터이다. 그러나 일반적으로 선이라 하면 역시 선종 혹은 선승을 떠올릴 것이다. 선종 가운데 인겐 류키隱元隆琦(1592~1673)가 1650년대에 시작한 황벽종[58]과는 별도로, 임제종·조동종은 모두 가마쿠라鎌倉 시대에 일본에 전래되었다.[59]

선종은 가마쿠라 무사의 정신 형성에 크게 관여했다는 것이 상식적인 견해이다. 무사도와 선은 너무나도 '일본적' 특질을

---

57) 계정혜(戒定慧)는 불도에 들어가는 세 가지 요체인 계율, 선정(禪定), 지혜를 가리킨다.

58) 황벽종(黃檗宗)은 일본 3선종의 하나이다. 중국 임제종의 한 분파로 명나라 황벽산 만복사의 인겐이 1654년 일본에 와서 교토 우지(宇治)에 황벽산 만복사를 건립하여 넓힌 종파로 1876년에 황벽종이라 칭하게 되었다.

59) [원주] 보통 임제종은 묘안 에이사이(明庵榮西, 1141~1215), 조동종은 기겐 도겐(希玄道元, 1200~1253)을 개조로 일컫는데, 선종사 전공자들에 의하면 종통상 엄밀하지는 않다고 한다.

대표한다고 간주된다. 요컨대 '일본적'인 것의 매우 중요한 부분은 이미 가마쿠라 시대에 형성되었다는 말이며, '일본적' 특질의 형성은 에도시대의 소산이라는 나의 주장은 선의 일각에서 일찌감치 무너지고 만다.

그러나 중세의 선종은 이국적인 부분, 즉 '일본적'이지 않은 점을 상류 무가가 선호하였다. 말할 것도 없이 선종은 가마쿠라 시대에 대륙에서 새롭게 전래된 종파이다. 송말 원초 동란을 피하여 대륙에서 선종 고승들이 줄지어 도래하였다. 선종을 전한 일본인 승려도 대륙에서 유학 후 귀국한 사람들로, 외국에서 갓 돌아와 새로운 지식을 지니고 있었다. 게다가 선종은 사원 건축에서도 새로운 양식으로 신선하였다. 사용하는 언어도 고대 이래의 한음·오음[60]과는 상당히 다른 당송 시대의 발음이라 귀에 새로웠다. 상류층 무가는 그런 점에 이끌려 얼른 달려들었다. 요컨대 선종은 우선 이국취미로서 일본의 일본 무가 사회에 수용되었던 것이다.

전공 연구자 사이에서는 이 역시 엄밀하지는 않다고도 하지

---

60) 한음(漢音)은 일본 한자음의 하나로, 당대 장안 지방에서 사용했던 표준 발음을 토대로 하였다. 견당사·유학생·음박사(音博士) 등이 나라, 헤이안 초기에 전하였다. 오음(吳音) 역시 일본 한자음의 하나로 고대 중국의 남방계음이 전래한 것이다. 불교 용어 등으로 후세까지 사용되는데, 헤이안 시대에는 나중에 전한 한음을 정음(正音)으로 한 데 대하여 화음(和音)이라고도 하였다. 관부나 학자들은 한음을, 불가들은 오음을 사용하는 일이 많았다. 한편, 당음(唐音)은 송·원·명·청의 중국음이 전래한 것의 총칭으로 선승과 상인들의 왕래에 의해 주로 중국 강남 지방의 발음이 전해진 것이며, 송음(宋音)은 당음으로 일괄되던 음의 한 부분으로, 일본의 입송승(入宋僧)이나 도래한 송승이 전한 음이다.

만, 흔히 "임제장군臨濟將軍, 조동토민曹洞土民"이라 하여 교토나 가마쿠라에서 임제종은 상류층 무가와, 조동종은 지방에 확산되어 귀족이 아닌 계층과 결합하였다고 일컬어진다. 중앙에서 융성한 선종은 위에서 말한 대로 상층 계급의 이국취미로 환영받았다. 문자에 얽매이고, 특히 깨달음의 경지를 표현하기 위해서는 고도의 한시·한문학 소양이 필요했다. 여기서 오산 문학[61])이 탄생했다.

이 단계에서는 대중화할 조건은 거의 없었고, 오산십찰처럼 교토와 가마쿠라의 대사원을 벗어나지는 못하였다. 지방에서 확산된 선종은 각지의 소영주층에 침투했지만 그와 더불어 밀교화하였다. 즉 그들의 신앙을 얻기 위해 장엄한 의식을 수반하고, 전승戰勝·역병 퇴치·오곡풍양 등을 기원하는 가지기도加持祈禱의 종교가 되어 갔다.

결국 가마쿠라·무로마치 시대의 선종은 일부는 상층 귀족·무가로 한정된 사람들 사이에서 '일본적'이지 않았기 때문에 환영받았고, 일부는 지방으로 들어가 밀교화하였다. 선이 하나의 '일본적'인 것으로서 중요하게 된 계기는 근세에 들어와 민중 사이에 널리 뿌리 내리면서 선종 자체에 큰 변화가 발생한 데서 생겼다.

---

61) 오산(五山)은 일본 선종에서 최고 사격을 가지는 다섯 사찰로 교토와 가마쿠라에 각각 5사가 있었다. 오산 문학은 가마쿠라 말·남북조 시대를 중심으로 행해진 가마쿠라 및 교토 오산의 선승들이 지은 한시문을 가리키며, 넓은 의미로는 동시대 선림 문학을 총칭한다. 일기·어록·한문·한시가 있으며 고칸 시렌(虎關師鍊), 기도 슈신(義堂周信) 등 다수의 작가가 나와 에도시대 유학 부흥의 기초가 되었다.

근세에 들어 선종에 어떤 변화가 일어났는가? 간단하게 설명하면 난행難行에서 이행易行으로 바뀌었다. 근세의 고승들이 설파하는 법어·저작은 공통적으로 평이하고 통속적이며 한문만이 아니라 한자와 가나를 섞어 썼다. 또 그들은 일상생활의 수행을 중시하여, 출가는 물론 좌선조차 반드시 수행의 요건이라고는 하지 않았다.

스즈키 쇼산鈴木正三(1579~1655)은 도쿠가와 후다이[62])의 하타모토[63]) 집안에서 태어나 세키가하라 전투(1600)와 오사카 전투(1614~1615)[64])에도 참가하였는데, 1620년에 뜻밖의 동기로 출가하여 불도 수행에 진력하는 한편, 각지를 돌며 불법을 설파하고 숱한 저서를 지었다. 그 자신은 출가한 몸이었지만 그를 찾아오는 사람들에게는 재가불법을 주장하여 불법 즉 세법, 즉 만민이 일상생활에서 번뇌와 집착을 끊어내고 자기의 직분에 몰두하는 것이야말로 수행이라고 하였다.

나중에 서술하겠지만 쇄국 상황에서도 일본은 대륙의 문화적 영향을 크게 받았는데, 불교계에서는 1654년 일본에 온 인겐

---

62) 후다이(譜代) 다이묘는 세키가하라 전투 이전부터 도쿠가와가를 섬겨온 다이묘이다. 이에 대하여 도자마 다이묘(外樣大名)는 세키가하라 전투 이후 도쿠가와가에 복종한 다이묘를 말한다.

63) 에도시대에 다이묘란 쇼군 직속 가신 중에 봉록 1만석 이상인 자를 가리키며, 하타모토(旗本)는 1만 석 이하의 봉록에 쇼군을 배알할 자격이 있는 사람을 가리킨다. 쇼군 배알의 자격이 없는 직속 가신은 고케닌(御家人)이라고 한다.

64) 오사카 전투는 일본사에서는 '오사카의 진(大坂の陣)'이라 일컫는다. 1614년 겨울 전투와 이듬해 여름 전투를 끝으로 도쿠가와 이에야스가 도요토미 가문을 멸망시켰다.

류키에 의한 황벽종의 개종과 영향이 크다. 인겐보다 이른 1651년에 나가사키長崎에 온 도샤 조겐道者超元은 8년 동안 체류한 뒤 귀국하였기에 인겐만큼 이름이 알려지지 않았다. 그러나 당시 임제종과 조동종 두 파의 선승이 그를 찾아와 다대한 영향을 받았다고 한다.

그 가운데 더욱 유명한 이는 반케이 요타쿠盤珪永琢(1622~1693)이다. 그는 불생선不生禪을 주장하였다.

> 사람들 모두 부모가 낳아 지니게 해준 것은 불심 하나입니다. 그 불심은 불생不生하고도 지극히 영명靈明한 것입니다. 생겨나지 않았다면 없어질 것도 없으니, 우리는 굳이 불멸을 말할 것도 없습니다. 불심은 불생한 불심으로, 모든 일은 불생의 불심으로 조화롭게 이루어집니다. (중략) 이를 잘 결정해 나가면 방안에서 애쓰지 않아도 어렵지 않게 살아있는 여래가 됩니다. (『가명법어假名法語』)

그러기 위해 좌선 수행도 특별히 필수가 아니었다.

> 불심을 가져 미혹되지 않으면 외부에서 깨달음을 구하지 않고, 그저 불심으로 앉고, 불심으로 거하며, 불심으로 잠을 자고, 불심으로 일어나며, 불심으로 멈출 뿐입니다. 평생 걷고 멈추고 앉고 눕는 일상의 거동이 살아있는 부처로 작용하니, 달리 상세한 것이 있지 않습니다. 좌선을 말하자면 불심이 편안히 앉으면 그것이 좌선입니다. 일상이 좌선이니 힘써 노력할 때만 좌선이라고 할

수 없습니다. (『반규불지홍제선사어시문서盤珪佛智弘濟禪
師御示聞書』)

이리하여 반케이에게 천황, 다이묘부터 서민까지 널리 신자
가 모여들어 귀의하는 사람이 5만이라 일컬어졌다. 선이 민중
속으로 들어간 것이다.

반케이보다 조금 앞서, 에도에는 시도 무난至道無難(1603~1676)
이 가나로 쓴 법어를 저술하고 통속적인 선을 설파하였다. 시도
의 손제자에 해당하는 이가 하쿠인 에카쿠白隱慧鶴(1685~1768)
이다. 그는 다음과 같이 선을 가르쳤다. 즉 좌선은 불도 수행
의 중요한 방법이지만 가만히 앉아 조용히 생각하는 것만이
전부는 아니다. 만약 제후·무사·백성[65)]·상인·대공大工이 각
기 맡은 바에 힘쓰지 않고 그저 조용히 앉아 좌선만 하면, 나
라는 쇠퇴하고 인민은 피폐해져서 선이 지극히 상서롭지 못한
원인으로 원망을 살 것이다. 제후는 정무에, 무사는 무술에,
백성은 농경에, 기술자는 공작工作에, 여자는 방직에, 제각각
골똘히 궁리해야 한다. 이것을 가리켜 동중공부動中工夫, 부단좌
선不斷坐禪이라고 설파했다. 요컨대 참선은 반드시 총림叢林에
서만 행하는 것이 아니라 일상생활에서 행하는 것이라고 한다

---

65) 일본사에서 백성(百姓)은 신분상의 명칭으로 '햐쿠쇼'라고 읽는다. 편
의상 농민이라고 번역되기도 하지만 완전히 일치하지는 않으며, 어업
또는 상업 및 제조업을 주로 하는 사람도 존재한다. 요컨대 비도시적
집락인 무라(村)에 속한 신분을 가리킨다. 한편 조닌(町人)은 도시에
거주하는 상공업자를 가리키는데, 공적 신분으로서는 토지와 자가소유
자에 한정된다.

(『원라천부遠羅天釜』).

설법하는 방법도 매우 통속적이었다. 예를 들면 하쿠인이 지었다고 전하는 「대도속요大道ちょぼくれ」의 일부를 인용해 보자.

> 정말로 여러분, 누구라도 신이나 부처가 될 수 있어요. 전혀 힘들지 않습니다. 일자무식의 노인이라면 나모라다냐[66) 혹은 여시아문[67) 이렇게 시작하는 복잡한 불교경전은 아예 읽지 마세요. 그보다는 평소에 숨쉬듯 편하게 자비심·정직·인내심, 이 세 가지를 지키고 무리하지 마세요.

하쿠인은 본산인 교토 묘심사妙心寺 주지가 되기보다는, 지금의 누마즈시沼津市 교외에 있는 우키시마가하라浮島ヶ原의 송

---

66) 나모라다냐(南無喝囉怛那)는 천수경의 일부인 『신묘장구대다라니(神妙章句大陀羅尼)』의 첫 구절로, 나모(Namo)는 귀의, 귀명을 뜻하며 라다냐(ratana)는 보물을 뜻한다. 그 뒤에 다라야야(trayāya, 哆囉夜耶)로 이어지는데 이는 '3종의'라는 형용사이다. '나모라다냐 다라야야'는 삼보에 귀의한다는 뜻이다. 산스크리트어 발음의 표기는 한중일이 서로 다른데, 일본어로는 '나무카라탄노 도라야야'라고 읽는다.

67) 여시아문(如是我聞)은 '나는 이와 같이 들었다'는 뜻으로 부처의 가르침을 사실 그대로 전한다는 의미로 경전 첫머리에 쓰는 말이다. 참고로 본문의 인용문 및 여러 간행물에는 여시아문 뒤에 "일자(一字)의 오란다마지리(阿蘭陀交じり)"라고 되어 있으나, 일자는 대구상 일시(一時)로 보는 것이 더 자연스럽다. '여시아문일시'는 불교 경전의 육하원칙이라 할 수 있는 육성취 중 신성취(信成就), 문성취(聞成就), 시성취(時成就)를 나타낸다. 일자와 일시의 일본어 발음이 같은 데서 잘못 표기되었을 가능성이 있다. '오란다'는 네덜란드를 가리키고, '마지리'는 혼합이란 뜻인데, 일본인이 읽을 수 없는 범어가 섞여있다는 뜻으로 편의상 '복잡한'으로 의역하였다. 범어를 네덜란드, 즉 서양어라 인식한 것이 흥미롭다.

음사松陰寺를 본거지로 하였는데, 그의 후예가 임제종의 과반을 차지했다고 한다.

쇼산·반케이가 설파한 선과 오늘날의 선의 해석은 또 다를 것이다. 그러나 중세에는 이국취미의 대상이었던 선이 현대에 '일본적' 문화의 대표적인 존재이자 게다가 그 심층·근저를 형성한다고까지 간주되는 것은, 이들 승려에 의한 선종의 이행화易行化·일상화를 위주로 보급한 데 힘입은 바가 매우 크다. 요컨대 에도시대가 되어 선종은 총림을 벗어나 평이하게 바뀌면서 민중에게 침투한 결과 '일본적' 문화의 자격을 얻은 것이다.

1.4 선종 문화와 일상생활

선종은 근세에 들어 민중의 종교 생활에만 깊이 침투했던 것이 아니다. 종교나 신앙이란 측면을 벗어나 서민의 일상생활에도 뿌리를 내렸다. 우선 건축을 보자.

오늘날에는 일본의 주택 건축 양식도 상당히 변화하여 서구 양식을 받아들인 집이 적지 않지만, 아무리 서양식 주택이라도 건물 입구를 의미하는 일본어는 '현관玄關'이다. 현관은 본래 '현묘한 세계로 들어가는 관문', 요컨대 불교계로 들어가는 문이나 단서라는 의미인데 건축물에서는 선종 사원의 입구를 가리키는 말로 일본에 전해졌다. 즉, 앞에서 서술한 대로 중세의 귀족·상층 무가의 이국취미를 돋우는 장소로 들어가는 문이 현관이었다. 그것이 오늘날에는 주거 일반의 입구로서 달리 대신할 말이 없을 정도로 일본인의 생활 속에 정착하였다.

현관에 국한되지 않고, 선종 사원의 건축 양식은 오늘날의 일본 주택 건축에 녹아 들어갔다. 일본 가옥이라 하면, 도코노마· 쓰케쇼인·지가이다나·가라카미쇼지·아카리쇼지·란마· 엔가와[68] 등을 갖춘 다다미방이 대표적인데, 이것은 선종 건축

---

68) 도코노마(床の間)는 근세 이후 주택에서 다다미방 정면에 바닥을 한 단 높게 만들어, 벽에는 족자를 걸고 바닥에는 꽃병이나 도자기 등을 장식하기 위해 설치한 공간이다. 쓰케쇼인(付書院)은 도코노마 옆에 툇마루로 내밀어 설치한 책상 높이 정도의 선반으로 책상처럼 사용하였다. 지가이다나(違い棚)는 도코노마 옆에 2장의 판자를 좌우로 상하 2단에 어긋나게 매단 선반이다. 가라카미쇼지(唐紙障子)와 아카리쇼지(明り障子)는 각각 장지문의 종류인데, 전자는 화려한 문양의 두꺼운 당지를 바른 맹장지로, '후스마(襖)'라고도 한다. 후자는 빛이 통하기

과 함께 들어온 서원 양식[69]이다. 그것이 근세 초기 아즈치·
모모야마 시대에 궁전 건축에 채용되었다. 아마 오다 노부나가
織田信長나 도요토미 히데요시豊臣秀吉 등 근세의 패자가 중세 이
래 동경의 대상이던 이국 양식에 기초해 당대 풍으로 호화롭고
웅장하게 장식하여 자신의 부와 권세의 상징으로 삼으려 했던
것이 아닐까.

더욱이 에도시대가 되면 서민에게 확산된다. 1668년 막부
는 엄격한 검약령을 상하 각 계층에 발포하였는데, 그중 하타
모토·조닌町人에 대한 조문에서는 "나게시·스기도·쓰케쇼인·
구시가타·호리모노·구미모노·도코부치·산·가마치 칠하기·
가라카미 바르기"[70]를 금지하고 있다. 모두 서원 양식과 관

쉽게 얇은 바른 장지를 가리킨다. 란마(欄間)는 천장과 윗미닫이틀 사
이에 통풍과 채광을 위해 교창을 낸 부분이다. 엔가와(縁側)는 주택의
가장자리에 설치한 툇마루로 실내와 옥외를 연결하는 기능이 있다.
69) 일본어로는 '쇼인즈쿠리(書院造)'라 한다. 무로마치 말기에 시작되어
에도 초기에 완성된 주택 건축 양식으로, 접객 공간을 독립시켰다.
70) 원서에는 규제 항목의 띄어 읽기에 오류가 보인다. 1668년 3월에 내린
조닌 대상 주택 규제 포고는 1843년 4월 28일에 에도의 마치부교를 중
심으로 주택 건축 규제에 관한 포고의 기본이 되기도 하였다. 양자 모두
『시중취체류집(市中取締類集)』에 실려 있다. 원 사료에 따라 띄어 읽어
번역하였음을 밝혀둔다. 나게시(長押)는 기둥과 기둥 사이에 수평으로
댄 나무를 가리킨다. 원래는 구조재였으나 공법의 변화에 따라 장식재로
바뀌었다. 스기도(杉戸)는 삼목 경판(鏡板)으로 만든 문으로 꽃이나
새를 그려 넣기도 하였다. 구시가타(櫛型)는 얼레빗 등처럼 둥글게 휜
모양으로 만든 창이나 출입구를 뜻한다. 창의 경우는 주로 란마나 쓰
케쇼인에 설치하는데 채광과 환기용으로 사용된다. 호리모노(彫物)는
란마 등에 새긴 조각, 문양을 뜻한다. 구미모노(組物)는 건축물에서
기둥 위에 처마를 지탱하는 두공(斗栱)을 가리킨다. 도코부치(床縁)는
도코노마의 다다미나 마룻장의 앞 끝을 가리기 위해 앞쪽에 갈로질러
대는 나무를 가리킨다. 산(桟)은 벽이나 문 귀퉁이에 대는 띳장을 뜻하
며, 가마치(框)는 문이나 마루 끝에 가로 댄 귀틀을 말한다. 금은박이

련되는 항목으로 이미 17세기 후반 에도에서는 일부 조닌의 주거에도 선종 건축이 깊숙이 들어온 것을 알 수 있다.

이 금령이 엄수되지는 않은 것 같은데, 오규 소라이[71]의 『정담政談』권2(1726~27년경 성립)에는 조닌·백성에게 시급한 금지사항으로, 도코노마·지가이다나·서원 양식·기리메엔·가라카미쇼지·하리쓰케·아카누리·고시쇼지·마이라도·스기도·란마와 같은 것을 금지해야 한다고 논한다.[72] 그러나 이 의견 역시 채용되거나 실시한 흔적은 안 보인다. 이렇게 하여 서원풍의 다다미방이 일본 가옥에 정착하였다.[73]

들어간 가라카미(唐紙)를 붙이는 것도 금지하였다.

71) 오규 소라이(荻生徂徠, 1666~1728)는 에도 중기의 유학자로 처음에 주자학을 배웠다가 후에 고문사학을 창도하여 에도 후기 학계에 다대한 영향을 끼쳤다. 가숙 훤원(蘐園)을 열어 제자를 길렀으며 이름난 문인으로는 다자이 슌다이, 핫토리 난카쿠(服部南郭) 등이 있다.

72) 오규 소라이는 『정담』에서 경제를 악화시키는 큰 요인으로 사치 풍조를 막고, 각각 신분에 맞게 엄격한 제한을 두어야 한다고 주장했다. 기리메엔(切目緣)은 마루에 까는 널을 문지방과 직각으로 댄 테두리이며, 하리쓰케(張付)는 회화나 문양을 그린 비단이나 종이를 벽면에 붙인 벽을 가리킨다. 아카누리(赤塗)는 붉은색으로 칠하는 것을 말하는데, 본문에는 적벽(赤壁)이라 되어 있으나, 『정담』의 원문은 적도(赤塗)로 되어 있어 이를 따랐다. 고시쇼지(腰障子)는 아랫부분에 널을 댄 아카리쇼지를 가리킨다. 마이라도(舞羅戶) 역시 본문에는 마이라도(舞良戶)라 표기하고 있으나, 『정담』의 인용문이므로 이를 따랐다. 의미상 차이는 없다. 이것은 창호의 하나로 문틀 사이에 널을 대고 표면에 작은 간격으로 살을 넣은 미닫이를 가리킨다. 한국어판은 임태홍 역, 『정담-동아시아의 군주론, 일본의 근대를 열다』(서해문집, 2020).

73) [원주] 생활 양식의 변화도 원인이겠지만 일본풍 건축 양식은 지금의 아파트 같은 대중적 주택에서는 일찌감치 상당 부분 사라졌다. 그럼에도 다다미를 깐 방에는 겨우 반 칸도 안 되는 도코노마풍의 공간이 마련되기도 하고, 특히 두꺼운 가라카미를 바른 장지문은 드물지 않다. 아카리쇼지는 빛살을 부드럽게 만들기 위해서인지, 오히려 순 서양풍 방에도 들이는 경향이 있는 것 같다.

1일 3식의 식사 습관에도 선종 문화의 영향이 있다. '세 끼 끼니 잇기도 어렵다'라는 말은 빈곤한 생활의 상징으로 쓰이며 현재 아침 식사를 하지 않는 젊은 세대가 늘고 있다는 뉴스가 나올 정도로 하루 세 번 식사는 생활에 정착되었다. 그러나 일본에서 1일 3식이 보급된 것은 근세 겐로쿠 전후, 즉 17세기 후반부터이며 그 이전은 1일 2식이 일반적 습관이었다고 한다.

가마쿠라 시대 중반인 1275년 10월 28일, 고야산령高野山領 기이국紀伊國 아테가와阿氐河 장원의 백성들이 지토74) 아사노씨 湯淺氏의 횡포를 장원 영주였던 고야산에 하소연하여 제출한 문서가 『고야산문서』 중에 있다.

그 문서를 보면 지토인 아사노씨는 연공을 막무가내로 걷기 위해 부하를 무장시켜 백성들을 덮치게 하여 난폭하게 굴고, 저항하는 백성의 귀와 코를 베어 버리기도 하였다. 그런 악행을 십 수 조목에 걸쳐 연서한 가운데, "연공을 받아 가지 못하면 수십 일이라도 나가지 않겠다고 하며 하루 세 번씩 부엌 일을 함"이란 문장이 있다.

요컨대 백성이 명령에 따라 연공을 납부하지 않는 한, 몇십 일이라도 백성의 집에서 나가지 않을 것이라고 위협하여, 하루에 세 번씩 식사를 내오게 하였다는 뜻이다. 여기서는 하루 세 번 밥을 먹는 것이 귀와 코를 베는 일에 필적하는 악행으로 언급되고 있다. 중세에는 하루 세 번이나 식사를 하는 것은

---

74) 지토(地頭)는 장원의 경찰로 형사 재판권을 가지며, 점차 재지 영주로 성장하였다.

이상한 행위로 여겨졌음을 알 수 있다.

그러던 것이 근세에 들어 겐로쿠 전후부터 오히려 세 번의 식사가 일상이 된 배경에는 17세기 후반 들어 고도로 성장한 일본 경제의 영향도 당연히 생각해야 한다. 오규 소라이에 따르면 "사치가 세상의 풍속이 되고 일상이 되었다"(『정담』권2)라고 하는데, 사회생활 전반이 향상되면서 1일 3식도 정착하였다.

그러나 1일 3식의 풍습은 선종과 함께 들어온 것이다. 선종에서는 중식을 '점심點心'이라 한다. (중화요리의 식후 과자인 '띠엔신点心'과는 다르다.) 점심은 낮 시간의 공복을 달래기 위해 가벼운 식사로 만두나 우동 같은 면류를 먹는 것이었는데, 가마쿠라 말기에는 거기에 다양한 종류의 반찬이 더해진 것 같다. 불사 법요 때에 사원에서 음식을 대접받은 데서 배워 상류 사회의 이국취미를 타고 속인의 생활로 들어온 것으로 여겨진다. 이윽고 근세가 되면 서민의 경제적 향상과 맞물려 현관이나 도코노마처럼, 일상생활 속에서 습관화된 것이다.

'일본적' 문화로 널리 알려진 다도 역시 선과 깊게 관련된다. 차는 이미 고대에 일본에 전해졌는데 끽다의 풍습은 중세에 진전되었다. 묘안 에이사이가 대륙에서 종자를 가져왔고, 또 쇼군 미나모토노 사네토모源實朝에게 『끽다양생기喫茶養生記』를 바친 것이 획을 그었다.

무로마치 히가시야마 시대[75]에 이르러 무라타 주코村田珠光(1422~1502)가 쇼군 아시카가 요시마사足利義政(1436~1490)에게 높이 평가받은 데서 다도의 규범화가 시작된다. 그 기저에는 외국 물품 선호, 바로 대륙에서 전래된 기물을 존중하는 이국취미가 있었다. 그것이 근세가 되자 일본풍이 되는데, 예를 들면 다실의 족자도 중국풍의 묵적墨蹟에서 와카를 적는 색지로 바뀌었고, 도구류도 국산을 사용하게 되었다. 그 배경에는 도요토미 히데요시의 조선 침공 당시 일본에 연행해 온 도공들에 의해 일본의 도자기 제작술이 크게 진전되어 도자기 가마가 각지에 설치되고 명품도 만들어지게 된 것과 우지宇治를 비롯하여 여러 지역에서 차의 생산이 발달한 것을 지적해야 할 것이다.

야나기자와 기엔柳澤淇園(1704~1758)의 『운평잡지雲萍雜志』에 다음의 일화가 실려 있다. 에도 근교 가쓰시카葛飾 부근 마을의 촌장인 곤베에權兵衛가 어느 해 촌민 열세 명과 이세신궁을 참배하고 신궁의 하급 신직인 오시御師의 집에 머물렀다. 갖가지 음식을 대접받은 후에 다실로 안내되어 박차[76]가 나왔는데, 누구도 차에 대한 소양이 없었던 탓에 마음이 매우 불편했다. 귀향 후에 곤베에는 야나기자와 기엔을 방문하여 이세에서 다

---

75) 히가시야마(東山) 시대는 일본 문화사에서 일본의 예술이 꽃핀 시기로, 무로마치 중기인 1483년에 쇼군 아시카가 요시마사가 히가시야마의 산장(지금의 은각사)으로 옮겨 히가시야마도노(東山殿)라 불리던 데서 비롯되었다.

76) 박차(薄茶)는 일본어로는 '우스차'라고 하며, 찻물 대비 말차 분량을 적게 넣은 차를 가리킨다.

도 때문에 창피를 당한 이야기를 하면서 다도의 작법을 가르쳐 주길 청하였다.

그러나 기엔은 다도는 은둔자의 소일거리이지, 농부·조닌이 할 바가 아니라고 했다고 한다. 에도 근교의 농민이라 하면 촌장이라 해도 그렇게 부농이나 호농은 아닐 텐데도 근세 중엽에는 다도의 작법을 모르는 것이 창피하다고 여길 정도로 서민 사이에 다도가 보급된 사례라 할 것이다. 이 역시 선과 마찬가지로 중세 상층 사회의 이국취미가 근세에 들어 서민에게 침투하면서 '일본화'한 대표적 사례이다.

1.5 일본적 유학의 성립

선종과 나란히 '일본적' 문화의 요소로 생각해야 하는 것이 유학이다. 쓰다 소키치[77]는 유학은 외래 사상에 지나지 않으며 일찍이 일본의 도덕 생활을 지배한 적은 없었다고 하였다.

한편 유학은 중국 사회에서 발생한 것으로 일본으로서는 외래 사상이었지만, 유학에는 보편적 사상의 성격이 있었음을 놓쳐서는 안 된다는 것이 비토 마사히데[78]의 주장이다.

양자 모두 일본의 유학 안에 '일본적' 특질을 인정하고 있다. 그러나 일반적으로 유학에서 말하는 도덕이 일본 고유의 도덕인 것처럼 이해하거나 '일본적' 유학이라고 여겨진 사실은 부정할 수 없다. 예를 들면 교육칙어에 유교적 덕목을 열거하고 "황조황종皇祖皇宗의 유훈"이라 했던 것은 쓰다의 설에 따르면 환상에 지나지 않는다.

그러나 그것은 일부 지식인의 환상으로만 그치지 않았다. 같은 문자를 사용하고 술어를 빌리고 옛 성현의 권위에 기대

---

77) 쓰다 소키치(津田左右吉, 1873~1961)는 역사학자로 와세다대학 교수를 역임하였다. 엄밀한 고전 비판에 따라 일본·동양의 고대사와 사상사 연구를 개척하였다. 1939년『일본서기』의 성덕태자 관련 기술을 비판적으로 고찰하여 당시에 큰 비판을 받았으며, 1940년에 일본 정부는 쓰다의『고사기와 일본서기 연구(古事記及日本書紀の研究)』를 비롯한 4개의 저서를 발매 금지 처분을 하였으며, 같은 해 문부성의 요구로 와세다대학을 사직하였다.

78) 비토 마사히데(尾藤正英, 1923~2013)는 역사학자로 도쿄대학 교수를 역임하였다. 일본 근세사·유학 사상 전공으로『일본 봉건 사상사 연구(日本封建思想史研究)』,『일본의 국가주의 '국체' 사상의 형성(日本の國家主義「國體」思想の形成)』등 다수의 저서가 있다.

면서 일본에서는 독자의 도덕 사상이 전개되었다. 엄밀히 생각하면 그것은 중국 대륙 본래의 유학에서 벗어난 것일지도 모른다. 쓰다의 주장처럼 유자를 자처하는 사람들이 자기의 전적典籍에서 얻은 지식과 일본의 현실사회의 차이를 인식하지 못하였다고 하기보다는, 일본의 유자들의 전적 해석이 유교를 낳은 대륙 본래의 사회도덕을 충분히 파악하지 못하였음을 보여주는 것이 아닐까? 또 거기에 '일본적' 유학 성립의 가능성이 존재하였다고 생각한다.

일본에서 유학의 역사는 오래되었다. 전승에 의하면 4세기나 오진應神 천황 때 한반도 백제에서 박사 왕인이 도래하여 논어·천자문을 전한 데서 시작되었다고 한다. 율령제 시대 학령學令 규정을 보면 대학의 교과목으로『춘추春秋』는 좌씨전左氏傳만 채용하고 공양전公羊傳·곡량전穀梁傳을 버렸고,『논어』는 포함되어 있지만『맹자』는 제외되었다. 이것은 선양방벌禪讓放伐을 인정하지 않는 일본 독자의 입장에서 선택된 것이라고 일컫는다. 그러나 이 시대의 유학은 전적으로 제한된 관료 계급의 교양 과목이었으며, 그러한 선택을 하였다고 해서 유학의 '일본화'가 시작되었다고 할 수 없다.

헤이안平安 시대에 들어가면 유학은 특정 궁정 귀족 가문의 학문, 즉 가학으로 고정되어 세습되었다. 스가와라菅原·오에大江는 기전도紀傳道(문학·역사), 기요하라淸原·나카하라中原는 명경도明經道(경전 해석), 사카노우에坂上·나카하라는 명법도明法道(법률), 미요시三善와 오즈키小槻 두 가문이 산도算道(천문·

역학)를 전승하여 자유 독법·자유 개강을 금하였다.

헤이안 시대 말기 대륙에서는 송대에 새로운 유학이 일어났다. 남송의 주자가 이를 대성하였다. 일본에서는 가마쿠라 초기에 해당한다. 송학 또는 주자학으로 불리는 새로운 유학에 일본 학계는 민감하였다. 이미 헤이안 말기 후지와라노 요리나가藤原賴長(1120~1156)나 기요하라노 요리나리淸原賴業(1122~1189) 등이 대륙의 영향을 받았지만, 주로 가마쿠라 시대에 대륙에서 도래하였으며, 또 대륙에서 유학한 선승들이 일본에 그 서적을 가져왔다.

새로운 유학은 화엄경의 세계상을 기조로 한, 말하자면 선종과 쌍둥이였다. 유학 측에서는 배불사상이 강하였지만 불교 측에서는 유불도 삼교 일치 사상을 주창하였다. 특히 임제종은 수행 방법에 상당한 한문학 교양이 필수였기 때문에 일본 전래 단계부터 유학 문헌은 외전外典으로서 중시되었다. 예를 들면 깨달음의 경지를 표명하는데 게偈라 하여 한시 형식의 운문을 사용한다. 그러기 위해서는 시가를 짓는 재능과 함께 한시문에 대한 교양이 필수다.

또 수행할 때는 사장師匠에게 받은 공안公案이라는 과제를 공부·사색하는데, 그저 앉아서 생각만 하면 되는 것이 아니라 선인의 공부 모습을 문헌을 통해 알 필요가 있다. 그러기 위해서는 널리 한문을 읽지 않으면 안 된다. 그래서 중세의 교단에서는 한시문과 아울러 선인이 가져온 새로운 유학을 연구하게 되었다. 이른바 오산五山 문학의 시대가 그것이다. 그러나 앞에서 서술했듯이 그것은 임제종의 대규모 사찰이나 그와 인연이 있는 상층 계급 사람들의 영역을 벗어나지 않았다.

근세에 들어 상국사 승려였던 후지와라 세이카藤原惺窩(1561~1619)가 환속하고 그 제자 하야시 라잔林羅山(1583~1657)이 도쿠가와 이에야스에게 등용되면서 주자학은 유학 정통파의 지위로 나아갔다. 그러나 아라이 하쿠세키新井白石(1657~1725)는 『본좌록고本佐錄考』에서 유도儒道의 존재가 널리 전국에 퍼져서 "변방의 비천한 부류도 터득하게 되었다"라고 할 상태가 된 것은 5대 쇼군 도쿠가와 쓰나요시(재위 1680~1709) 때부터이며, 그 전에는 자신이 철들 무렵까지는 그럴만한 지위에 있는 사람도 유학에 대해 논하는 자를 천학天學의 무리, 즉 기독교도라 간주하는 상태였다고 서술하였다.

근세 초기에 유교는 그 정도로 이단시 되었다는 것이 아라이 하쿠세키의 주장이다. 하쿠세키는 기독교 금압의 여파로 유학까지 동일시되었다고 하지만 조금 과장된 것 같다. 그러나 근세 초두까지는 송학(주자학)은 외래 사상이었으며, 그런만큼 일부 지식인에게는 매력적이었겠지만 '일본적' 전화는 이뤄지지 않았다.

유학의 '일본화'를 생각할 때 선종의 경우처럼 보급·침투의 정도가 문제가 될 것이다. 이시카와 겐[79]의 『고왕래에 대한 연구』에 따르면, 헤이안 말기부터 가마쿠라·무로마치 시대에 걸쳐, 초등 교과서에 해당하는 각종 '고왕래'[80]는 일단 내전內典(불전)·외전(유학 중시의 한학)을 교육 내용으로 하였지만, 실제로는 불교에 관한 불구佛具·승위僧位·승관·장례·종파 등 표면적인 것뿐으로, 불교의 사상·신앙·수행 등은 거의 언급이 없다. 학문·도덕에 관한 사항은 모두 한학에 힘입었다. 초등 교육은 가마쿠라 시대는 차치하더라도 무로마치 시대에 들어가면 다소 확산되는 양상이 보이며, 데라코야의 기원도 이 무렵이라 할 수 있다. 그러나 이런 사실만으로는 유학의 보급·침투라 인정할 수 없다.

앞에서 서술한 아라이 하쿠세키의 『본좌록고』에 따르면, 이윽고 5대 쇼군 쓰나요시 대에 유도의 존재가 전국적으로 계층을 넘어 알려졌고 그것은 쓰나요시의 공적이라고 한다. 호학의 다이묘 배출이라는 점에서는 쓰나요시 이전 4대 쇼군 이에쓰나家綱 대에 아이즈會津의 호시나 마사유키保科正之(1611~1672),

---

79) 이시카와 겐(石川謙, 1891~1969)은 일본의 교육사 학자로 일본의 근세 교육사, 석문(石門) 심학에 밝았다. 1951년 『고왕래에 대한 연구(古往来についての研究)』로 일본학사원의 학사원상을 수상하였다. 사후 일본교육사학회는 그의 이름을 딴 이시카와 겐상을 제정하였다.

80) 왕래물(往來物)이란 헤이안 시대 후기부터 메이지시대 초기에 걸쳐 사용된 초등 교과서의 총칭이다. '왕래'라고 줄여 부르기도 하는데 당초에 왕복 서간문을 한 쌍으로 하여 편집한 형식에서 유래한 이름이다. 근세에는 초등 교과서로 사용되는 모든 것을 왕래물이라고 불렀다. 일본어로는 '오라이모노'라고 한다. 고왕래는 헤이안 시대 후기부터 무로마치 시대까지의 왕래물을 가리킨다. 일본어로는 '고오라이'라고 한다.

오카야마岡山의 이케다 미쓰마사池田光政(1609~1682), 미토水戶
의 도쿠가와 미쓰쿠니德川光圀(1628~1700) 등이 나왔지만, 이
들의 호학이 "변방의 비천한 부류"에까지 영향을 미쳤다고는
생각하기 어렵다.

쓰나요시는 학문을 좋아하여 측근인 야나기사와 요시야스
柳澤吉保(1658~1714)를 제자로 삼아 경서 강의를 하거나, 오규
소라이에게 당음唐音으로 강의를 시키거나 했지만, 추종자에게
둘러싸인 놀이에 지나지 않았던 측면도 있다. 그러나 다른 한편
정령政令 중에 유교적 훈계를 담고 있는 점은 한 가지 특색이라
할 것이다. 대표적인 예는 1682년 전국에 세운 알림판高札 조문
에 드러난다.

이 알림판 제1조에 "충효를 장려하고, 부부 형제 친척이
모두 화목하며, 하인에 이르기까지 연민을 베풀어야 한다. 만
약에 불충·불효하는 자가 있으면 중죄로 다스릴 것"이라고
나와 있다. 이 문장은 역대 알림판에서 다른 사례가 없기 때
문에 특별히 '충효찰'이라 부른다. 중죄라는 위협으로 충효를
강제하는 부분이 5대 쇼군 쓰나요시다운 모습을 생생하게 보
여주는데, 어찌 됐든 첫머리에 '충효'라는 유교 도덕 장려를
언급한 알림판이 전국 방방곡곡에 세워졌던 것이다. 그야말로
"변방의 비천한 부류"도 일상적으로 이 '충효찰'을 올려다보
았을 것이다. (다만 6대 쇼군 이에노부家宣의 쇼토쿠正德 원년
(1711)이 되었을 때, 아마도 아라이 하쿠세키의 의견이었겠지
만, 서민에게 '충'은 이상하다 하여 "충효를 권장하고"의 문구

와, 마지막의 불충·불효는 중죄라는 문구를 삭제하여 문장을 수정해 버렸다.)

또 후세에 쇼군 쓰나요시에 대한 악평의 최대 이유였던 '동물애호령[81]'에 대하여, 쓰나요시나 생모 게이쇼인桂昌院에게 아첨하던 호지원護持院 류코隆光같은 승려의 교언에 편승한 불교적 발상이라는 견해가 있다. 그러나 쓰나요시의 사적을 기록한 『헌묘실록憲廟實錄』 말미에는, 이 법령이 "아주 작은 불인不仁을 경계하여 서민이 어진 마음을 다하게 한다"라는 정신에서 나온 것이라 적혀 있다. 요컨대 의도는 군주의 덕이 금수까지 미친다는 유교적 이상 실현을 지향한 것인데, 서민에게도 '인애'라는 유교 정신을 온전하게 지니도록 요구하는 것이다. 류코같은 승려가 추종하는 발언을 한 것이 이를 증폭시킨 것은 사실일 것이다.

이렇게 하여 쓰나요시 대에는 유교 도덕이 형벌의 위협을 동반하면서 서민의 일상생활로 들어왔다. 그러나 쓰나요시도 그다음 이에노부·하쿠세키 때도, 이를 서민 생활에 침투시키려는 구체적인 방책은 시행되지 않았다. 그것이 구체화하는 것은 막부 차원에서는 교호享保 개혁 때이고, 지방의 번 차원에서 보더라도 근세 후반에 들어서이다.

---

81) 일본어로는 '쇼루이 아와레미노 레이(生類憐みの令)'라고 한다. 생물애호령이나 살생금지령으로도 번역 가능하다. 동물애호령은 아이나 병든 자를 학대하거나 가축과 어패류 등의 살생을 금지한 법령으로, 개띠였던 쓰나요시는 특히 개를 중시하여 위반자를 엄벌에 처했던 탓에 '이누쿠보(犬公方)'라는 별명이 붙여졌다.

막부의 교호 개혁에서는 1717년에 유시마 성당[82] 강의를 서민에까지 개방한 것을 비롯해, 2년 뒤에는 하야시林 가문 이외의 막부의 유학자에게 명하여 야요스가시八代洲河岸, 현재의 도쿄도청 부근)의 다카쿠라高倉 저택에서 강의하도록 하고 서민의 청강을 허락하였다. 또 민간의 사숙私塾 개설을 원조하고 특히 1726년 이후 미야케 세키안[83]이 오사카에 지은 회덕당懷德堂을 보호하여 관학에 준하는 대우를 했는데, 이는 메이지에 이르기까지 오사카 조닌의 교육 기관으로서 큰 효과를 거두었다.

서민 교육 기관으로는 데라코야의 역할이 단연 크다. 교호 이후 그 숫자가 확연히 증가하는 경향이 나타난다. 무로 규소[84]의 편지를 보면, 이미 교호 무렵 에도에는 습자 등을 가르치는 선생이 840명이나 있었다고 한다. 막부는 습자 교본, 즉 서예 교과서를 1721년에 처음 편찬하였다. 『육유연의대의六諭衍義大意』가 그것이다. '육유'란 효순부모孝順父母·존경장상尊敬長

---

82) 유시마 성당(湯島聖堂)은 공자를 모신 사당으로 지금의 도쿄 분쿄구(文京區) 유시마에 있다. 쓰나요시가 유학 진흥을 위해 1690년 하야시 가문의 사저에 있던 공자의 성상과 4현상을 옮기고, 공자묘를 대성전으로 개칭하고 규모를 확대하였다. 1797년에 막부가 교육 시설을 확충하여 직할 학교인 쇼헤이자카 학문소(昌平坂學問所)를 세우고, 주로 하타모토와 가신의 자제들을 교육하였다. 창평횡(昌平黌)이라고도 한다. 이 터에 1872년 사범학교와 여자사범학교가 개설되면서 근대 교육의 발상지로 알려졌다.

83) 미야케 세키안(三宅石庵, 1665~1730)은 에도 중기 유학자로 오사카의 상인 등이 1724년 건립한 회덕당의 초대 학주였다. 주자학에 육왕학을 겸한 자유로운 학풍을 세워 서민 교육 보급에 영향을 끼쳤다.

84) 무로 규소(室鳩巢, 1658~1734)는 에도 중기 유학자로 기노시타 준안에게 주자학을 배웠다. 훗날 아라이 하쿠세키의 추천으로 막부의 유관이 되었으며 요시무네의 시강(侍講)이기도 하였다.

上・화목향리和睦鄕里・교훈자손敎訓子孫・각안생리各安生理(각자의 생활 원리를 편안하게 하라)・무작비위毋作非爲라는 여섯 항목의 도덕을 칙론으로 삼은 것인데, 청조 1652년에 반포되었다. 이를 주해한 것이『육유연의』이다. 이것을 류큐琉球의 학자 데이준소쿠程順則(1663~1735)가 대륙에서 가지고 돌아왔고, 류큐를 지배하던 시마즈씨島津氏가 막부에 헌상하였다.

쇼군 요시무네吉宗는 이를 보고 서민 교육 교과서로 만들고자 하여, 유자인 무로 규소와 상담하였다. 그러나 명청 시대의 새로운 중국어가 들어 있어서 규소는 잘 읽지 못했다. 그래서 새로운 중국어에 밝았던 오규 소라이에게 명하여 훈점을 달게 하였다. 그것으로 1722년 규소가 만든 것이『육유연의대의』이다. 그것을 서예가에게 정서시켜 출판한뒤 데라코야에서 습자 교본으로 사용하게 했다.

이렇게 일본 최초의 국정 초등 교과서가 완성되었다. 이것은 에도시대를 통틀어 상당히 널리 보급되었다고 한다. 요시무네의 의도는 읽기 쓰기를 통해 서민에게 도덕 교육을 하고, 법질서에 순종하는 정신을 기르는 데 있었던 것 같다. 그는 또 다이칸[85]에게 명하여 대대로 전하는 법도서法度書나 오인조장전서五人組帳前書[86]를 교본으로 사용할 것을 장려했다. 본래

---

85) 다이칸(代官)은 에도 막부의 관직으로 막부 직할지를 지배하며 연공 수납과 그 밖의 민정을 담당하였다.

86) 오인조란 에도 막부가 촌의 백성 등에게 명하여 다섯 집을 한 조로 만든 인보(隣保) 조직으로, 상호 검찰과 연대책임의 역할을 수행하였다. 오인조장은 오인조가 존수해야 할 법령을 첫머리(前書)에 기록하고 조원에게 연판하여 규정을 한 장부를 가리킨다. 주요 내용은 막부 법령의

목적이 잘 달성되었는지 여부는 더 검토해야 할 문제이지만, 이 교육 정책이 서민의 식자율을 높이고 그들에게 지적 자극을 주는 효과가 있었음은 충분히 인정된다. 아울러 서민층에 유교가 침투한 효과도 '충효찰'보다 훨씬 컸으리라 상상할 수 있다.

서민 교육에는 심학도화心學道話도 큰 역할을 하였다. 심학은 이시다 바이간石田梅岩(1685~1744)이 1729년 교토에서 개강한 데서 비롯한다. 바이간은 저서 『도비문답都鄙問答』에서 "상인의 판매 이익은 사士의 봉록과 같다"라고 주장하며 상인의 이득 행위를 천하게 여기는 관념을 배척하는 동시에, 상인의 도덕을 심학도라고 규정하였다. 많은 제자 중에 걸출하였던 데지마 도안手島堵庵(1718~1786)이 심학을 한층 발전시키고, 도안의 제자인 나카자와 도니中澤道二(1725~1803)는 에도로 가서 1791 년 간다神田에 도장道場을 열었다. 그 후 가세이기化政期 즉 19 세기가 다가오면서 더욱 융성하여, 심학은 민중 교화의 중요한 수단으로서 지배 측에도 인정받아 각지로 확대되었다. 심학의 기조는 주자학이다. 따라서 심학의 보급은 유학이 서민층으로 침투한 것으로 봐도 좋을 것이다.

라쿠고[87] '천재天災'에서는 도학선생이 "모친에게 절연장을 써 달라"며 찾아온 구마熊 씨에게 충효를 들려준다. "참새는 짹 짹, 까마귀는 까악까악" 금수조차 충효를 알고 있는데 하물며

요약으로 치안, 연공 수납, 권농, 농지 매매 등에 관한 것이 많았다.

[87] 라쿠고(落語)는 일본 전통 예능의 하나이다. 연기자 한 사람이 일인다역 으로 청중에게 익살스러운 이야기를 들려주며 마지막에 반전으로 끝을 맺어 청중들의 웃음을 자아낸다. 이런 반전을 '오치(落)'라 한다.

인간이 도에서 벗어나도 되는가. 어쨌든 반신반의하며 인내의 덕을 얻어듣고 구마 씨는 집으로 돌아갔다. 이 이야기는 일면 도학선생을 향한 야유이겠지만 무지문맹의 계층까지 심학도 화의 형태로 유학이 수용되었음을 드러낸다. (덧붙여 말하면 "참새 짹짹" 이야기는 나카자와 도니의 『도니옹도화道二翁道話』에 보인다. 아마도 이 도화는 사람들에게 상당히 친숙하여 라쿠고의 작자 혹은 연기자도 여기서 채용한 것이 아닐까?)

1.6 일본의 문화적 자립

유학의 '일본화'를 생각할 때 앞에서 서술했듯이 유학이 근세에 들어 너른 계층에 보급·침투하는 과정에서 일본의 지식인은 어떻게 수용하였는지, 내용상 특색에 눈을 돌려야 한다. 이에 대해서는 근세 유학이 문화사에서 행한 역할은 나중에라도 다시 논할 생각이지만, 우선 근세의 정통 주류 학파인 주자학 (송학)에 대해 많은 지식인이 한당 유학과 절충적인 태도로 바라보았다는 데 특색이 있다.

절충학파의 형성은 18세기 후반 들어 가타야마 겐잔片山 兼山(1730~1782)·이노우에 긴가井上金峨(1732~1784) 등에서 비롯되었다고 하지만, 이미 17세기 말엽 기노시타 준안木下順庵 (1621~1698)은 제자들에게 주자의 주와 함께 『십삼경주소十三 經注疏』를 숙독하지 않으면 유교 경전에 통했다고 할 수 없다고 항상 말했다고 한다.

십삼경은 역경·시경·서경·주례·의례·예기·춘추좌씨전· 춘추공양전·춘추곡량전·효경·이아·논어·맹자를 가리킨다. 한당의 학자(일부는 송대 학자)가 십삼경 주석을 모은 것이 『십삼경주소』로 모두 송학 이전의 주석서이다. 준안은 주자학파면서 옛 주석서 병독을 장려하였다. 그래서 『선철총담先哲 叢談』의 저자 하라 넨사이原念齋(1774~1820)는 준안도 고학의 개조라 해야 한다고 말하였는데, 신주·고주의 절충학 선구로 생각하는 것이 타당하다.

가이바라 에키켄貝原益軒(1630~1714)은 만년에야 『대의록大
疑錄』(1713)을 지어 주자설에 의문을 보이긴 했어도, 생애를 통
틀어 돈독한 주자학 신봉자였다. 그런 에키켄도 『신사록愼思錄』
(권1)에서 "육경이나 논어·맹자를 읽는데 송유의 본주를 우선
으로 해도 좋지만 고주소古註疏도 버려서는 안 된다. 경전에 대
한 주자의 전주傳註는 의리, 즉 대국적인 올바른 정신과 도리를
파악하는 데 정확하고 지당한 점에서는 고주가 필요 없지만,
훈고·문의·명물·제도 등 개개의 구체적인 문제는 고주소가
상세히 해설하고 있다. 한당의 고주소를 읽으면 경전 문장의
의의를 고증할 점이 눈에 많이 띈다"고 말한다. 그야말로 '훈
고는 한당에, 의리는 송명에서 취한다'라는 후세 절충학파의
주장이라 하겠다.

대체로 일본의 유자는 관념론적인 도덕 철학을 체계적으
로 파악하는 데 서툴렀던 것처럼 보인다. 그래서 주자학이라
해도 경전에 대한 훈고나 고증으로 눈을 돌렸다. 고증학 요컨
대 문헌 고증이 목적인 학문은 청조의 영향을 받으면서 근세
후기의 요시다 고톤吉田篁墩(1745~1798)이나 오타 긴조太田錦城
(1765~1825)가 주장하기 시작했다고 한다. 그러나 그보다 백
년도 더 전에 이미 이토 진사이伊藤仁齋는 1668년 『사의책문십
오도私疑策問十五道』를 지어, 주자학파가 중시하는 『사서』의 필
두인 『대학』은 주자가 말하는 "공자지유저孔子之遺著"가 아니
라고 갈파했다. 이것은 청조 학자의 주장과 무관하게 그보다
앞서 주창되었다.

이 밖에 아라이 하쿠세키, 진사이의 아들 이토 도가이伊藤東涯, 오규 소라이와 그 문하에서도 뛰어난 고증학적 업적이 나왔다. 고증학은 유학에 그치지 않고 화학和學·국학國學에도 미쳐, 하나와 호키이치塙保己一(1746~1821)와 제자 야시로 히로카타屋代弘賢(1758~1841), 모토오리 노리나가의 제자 반 노부토모伴信友(1773~1846)가 활약하였다. 요컨대 유학 사상사의 대상으로서는 흥미롭지 않을지라도 근세 유학계의 추세는 절충·고증학을 향해 흘러갔다. 이것은 일본인이 유교를 수용하는 방식의 큰 특징이다.

다음으로 송유 학설을 비판하여 한당 또는 그 이전으로 되돌아가던 고학파의 출현과 발전도 근세 일본 유학의 특색이다. 고학은 우선 야마가 소코山鹿素行(1622~1685)가 1662년, 41세 무렵 한당송명 학자들의 설에 의문을 품고, 곧바로 주공·공자의 가르침을 보고 학문의 조리를 바루어야 함을 깨달아 1665년 『성교요록聖敎要錄』을 저술하였다. 그 때문에 막부의 탄압을 받아 이듬해 10월에 반슈[88) 아코赤穗에 유배되었다.

이토 진사이(1627~1705)도 1660년대 즈음 직접 공자·맹자로 돌아가 사유해야 함을 깨달았다. 앞에서 서술한 "대학은 공자가 남긴 저서가 아니다"라는 발견은 1668년이다. 막부가 하야시 가호林鵞峰에게 『본조통감本朝通鑑』 완성을 위해 95인 부

---

88) 반슈(播州)는 지금의 효고현 남서부에 있던 옛 하리마국(播磨國)의 별칭이다.

지[89) 비용을 지급한 것이 1664년이고, 그것이 1670년에 완성되자 부지미扶持米를 그대로 서생 교육비로 지급하도록 하였다. 이 무렵부터 하야시 가문의 사숙이 슬슬 막부의 관학적 색채를 띠게 되었다고 보이므로 주자학이 막부의 관학, 즉 근세 유학의 정통으로 정착하는 때와 거의 같은 시기에 그것을 비판하는 고학이 발흥한 것이다.

고학파의 학설은 일본 유학사에서 처음으로 일본인 스스로 독자적으로 수립하였다. 발흥 시기가 주자학이 정통파로 지위 확립을 하는 때와 거의 같을 뿐 아니라, 앞서 서술한 일본 고전 문예가 민중에 개방된 시기, 예를 들면 도다 모스이戶田茂睡(1629~1706)『관문오년문사寬文五年文詞』의 표명, 시모코베 조류下河邊長流(1627~1686)『임엽루진집林葉累塵集』편찬 착수(1666년)와 거의 일치하는 것은 우연이라 보기 어렵다. 새로운 일본 문화의 조류가 용솟음치기 시작한 시기이다.

더욱이 고학파의 발흥은 단순히 외래 사상인 주자학을 비판하고 극복한 데 그치지 않고, 처음으로 일본의 사상가가 불교 사상의 영향에서도 벗어났음을 의미한다. 유불 분리라 하면 통례로 후지와라 세이카의 환속에서 시작한 속인 유자의 출현이 떠오른다. 그러나 그것은 중세에 임제종 오산의 승려가 중심이었던 송학 연구의 주류가 근세 들어 속인으로 옮겨간

---

89) 부지(扶持)는 일본어로 '후치'라고 읽는다. 주인이 종자를 부조하는 것을 가리키는데, 막부나 다이묘가 가신에게 지급한 급여의 한 형태이다. 주로 쌀로 지급되었으며 이를 '후치마이(扶持米)'라 한다.

것, 즉 승려와 유학의 분리를 의미하는 데 지나지 않는다. 속인 유자의 논저에는 배불론이 많지만 고학파 이전의 유학은 주자학이든 양명학이든 모두 다분히 불교 사상의 영향을 받아 사상 체계를 형성하였기 때문에, 이것을 속인이 주장했어도 진정한 유불 분리라고는 보기 어렵다. 고학파의 출현으로 비로소 유불은 분리했다. 일본인이 독자적으로 수립한 학설로 주자학과 불교라는 외래 사상에서 이탈한 것은 일본 문화사에서 주목할 사실이다.

이렇게 생각하면 고학파 사람들이야말로 가장 '일본적' 유학자라 해야겠지만, 일반적으로 야마가 소코를 제외하고는 '일본적'이라고 인정되지 않았다. 오히려 오규 소라이는 스스로 '동이 사람', '이인夷人'이라 칭하고 당시 중화어에 능통하였으며, 학파 사람들도 중화 취미가 분분하였다. 그런 이유로 후세에 '일본정신'을 주장하는 이들은 강하게 이단시하여 배척하였다.

그러나 요시카와 고지로[90]는 소라이가 중화 대륙에서 2천 년 전에 끊어진 성인의 도를 동이 사람인 자신이 경전으로 터득하였다고 자부하였다고 논하면서, 중화 숭배자임에도 불구하고 중국에 대한 일본의 우월성을 인식하였다고 서술하였다. 또 소라이의 사고방식에는 일본적 특성이 분명히 드러난다고 지적하며 소라이를 '민족주의자', '일본적 사상가'로 묘사한다.

---

90) 요시카와 고지로(吉川幸次郎, 1904~1980)는 중국 문학자로 교토대학 교수를 역임하였다. 중국 고전 문학 연구에 뛰어난 업적을 쌓았다.『두보사기(杜甫私記)』,『시경국풍(詩經國風)』등을 저술하였다.

소라이와 모토오리 노리나가의 사고방식이 매우 가깝다는 것은 마루야마 마사오[91]의 학설 이래 거의 상식이 되었지만, 요시카와에 의해 소라이는 한 걸음 더 나아가 '일본적' 사상가로서 평가를 받게 되었다.

일찍이 '일본적' 사상가의 대표적인 인물로 국수주의자들이 숭경한 이는 야마자키 안사이山崎闇齋(1618~1682)이다. 그는 일본이 자국을 '중국'이라 불러야 한다고 주장하였다. 또 제자들에게 공자·맹자가 군대를 이끌고 쳐들어오면 공맹의 도를 배우는 자로서 어찌해야 하는지를 묻고, 아무도 대답을 하지 못하자 단연코 맞서 싸워 공맹을 포로로 삼아 국은을 갚는 것이 공맹의 도라고 가르쳤다고 한다. 이 일화와 언동이 후세에 인정받은 것이다.

야마가 소코도『중조실록中朝實錄』을 지어 일본을 "중화문명지지中華文明之地" 또는 "중국"이라 부른다. 이러했던 것이 이윽고 만국에 비할 바 없는 독선적인 일본 중심주의의 역사관을 키우는 싹이 되는데, 이 시점에서는 커다란 중화 문화의 우산에서 자립하고자 하는 현상의 하나로 이해해야 한다.

'중국'이란 표현과 함께, 또는 그 이상으로 종종 일본을 '신국神國'이라 부르는 일이 많아지는 것도 근세에 들어서이다. 이

---

91) 마루야마 마사오(丸山眞男, 1914~1996)는 정치사상사 학자로 도쿄대 교수를 역임하였다. 일본의 정치학을 학문으로서 확립하여 제2차 세계대전 후 민주주의 사상을 주도하였다. 『일본 정치사상사 연구(日本政治思想史研究)』, 『현대 정치의 사상과 행동(現代政治の思想と行動)』 등을 저술하였다.

역시 근대에는 광신적인 초국가주의의 간판 같은 말이 되지만, 근세에는 중화 대륙의 유교, 인도의 불교에 대한 일본 고유의 신앙으로서 신도를 받드는 나라라는 의미에서 사용한 말이며, 일본의 자립 의식의 표징으로 생각해도 좋을 것이다. 도요토미 히데요시·도쿠가와 이에야스가 기독교 금제·선교사 추방을 명한 문장에서 모두 "일본은 신국"이라 표현하는 것도 일본이 홀로 신성불가침의 나라임을 주장하는 것이 아니라, 이교국에 대해 신앙의 차이에 의한 일본의 고유성을 의식한 표현이다.

신도가 일본의 풍토와 이어진 고유의 신앙이면서도 도덕 정신은 다른 지역(다만 중국과 인도를 아우른 삼국 세계의 영역 안이지만) 고유의 도덕, 특히 유도와 일치한다는 사고방식이 유가 신도로 성립하는 것도 근세 초기이다.

예를 들면 구마자와 반잔熊澤蕃山(1619~1691)의 『집의외서集義外書』(권16「수토해水土解」)에는 "일본의 풍토에서 나온 신도는 중국에도 오랑캐 나라에도 빌려 줄 수도 없고 빌릴 수도 없다. 중국의 풍토에서 나온 성인의 가르침聖敎 또한 일본이 빌릴 수도 없고 빌려줄 수도 없다. 오랑캐 나라의 인심에서 나온 불교도 마찬가지이다"라고 하였다. 신유불이 각각의 풍토에 적합한 신교이며, 다른 토지로 옮겨 갈 수 없다고 서술한다. 반잔이 주장하는 바는 유도·신도·불도 모두 적跡 요컨대 구상화具象化한 것이며, 그 위에 이름도 없고 정법도 없는 '대도大道', '천지의 신도'가 있다. 그것을 시간과 장소와 지위에 따라 실천하면 신유불의 도가 된다.

대개 유가 신도의 주장은 이에 가깝다. 『가명성리假名性理』
(후지와라 세이카의 저서라 전하지만 세이카보다 훨씬 나중
시기의 저작이다)에도 "일본의 신도도 내 마음을 바루어 만민
을 가엾게 여기며 자비를 베푸는 것을 극의極意로 삼고, 요순의
도 역시 극의로 삼았다. 중국에서는 유도라 하고 일본에서는
신도라 한다. 이름은 바뀌어도 마음은 하나이다"라고 나온다.

고대 일본의 신기神祇 신앙은 소박한 민족 신앙인데, 도래한
불교의 영향을 받았다. 특히 헤이안 시대에 들어 밀교와 결부되
면서 비로소 종교적 체계를 갖게 되어 양부 신도[92]가 되었다.
이윽고 가마쿠라 시대가 되면 신도가 중에서 불교에서 독립하
려는 움직임이 일어나 유일 신도[93]가 주창되었지만, 원래 신기
신앙은 단순하므로 이를 체계화하기 위해 불교 대신 유교에
접근하였다. 이렇게 유가 신도가 일어나 에도시대 초기에는
하야시 라잔·구마자와 반잔같은 유자의 신도설이 배출되었고,
17세기 후기의 야마자키 안사이의 수가垂加 신도와 요시카와
고레타루吉川惟足(1616~1694)의 요시카와 신도에 이르러 완성
되었다.

---

92) 양부(兩部) 신도는 진언종의 금강(金剛)·태장(胎藏) 양부의 교리로 신
들의 세계를 설명하는 신도설이다. 본지수적설(本地垂迹說)의 근본이
되는 신불 조화의 신도로, 중세 이후 발달하였다. 메이지 이후에는 신불
혼효 금지로 쇠퇴하였다.

93) 유일(唯一) 신도는 신도의 일파인 요시다(吉田) 신도를 가리키는 말
인데, 무로마치 시대 후기 교토의 요시다 신사의 사관(祠官)인 요시다
가네토모(吉田兼俱)가 창도하였다. 유불도를 융합하여 일본 고유의
신도를 주장하였다.

그 교설은 일본의 신화를 유교 도덕적 입장에서 해석하는 것으로, 예를 들면 이세대신궁伊勢大神宮과 춘일대명신春日大明神, 팔번대보살八幡大菩薩은 인仁·지智·용勇 삼덕을 표현한다고 말한다. 일본의 신화를 보편적인 세계로 끌어들였다고 하겠다. 바꿔 말하면 일본에는 신대부터 보편적인 도덕이 갖추어졌다는 주장이다.

앞에서 서술했듯이 '일본적' 유학으로는 고학파를 드는 것이 적절하고, 또 사상적으로는 여하튼 절충고증학도 '일본적' 유학에 더해야 할 것이다. 이에 대하여 유가 신도는 유학의 '일본화'가 아니라 오히려 일본 신화를 보편적 세계로 이끌어냈다. 그러나 그것은 커다란 중화 문화권의 한 귀퉁이에 있는 일본을 어떻게든 문화적으로 자립시켜, 마치 중국과 인도의 거대 문명과 일본 문화가 대등한 입장에 있는 것처럼 소리 높여 주장하려 했던 당시 일본 지식인의 의식이 드러났다고 할 것이다.

지금까지 논한 바로 보면 근세 초중기에 들어와 그 이전에 성립한 일본의 고전 문화도 새삼 폭넓은 계층에 보급·정착하고, 이국취미로서 들여온 외래문화도 '일본적' 성격을 띠게 되었으며, 거기에 근세 사회가 낳은 새로운 문화도 더해져서 이른바 '일본적' 문화가 성립한 것은 분명하다. 이런 움직임은 단순히 문화의 복고가 아니라, 근세의 새로운 문화 조류라고 이해해야 한다. 그것은 일본이 문화적으로 중화 대륙 문화의 우산에서 독립하겠다는 자기주장이었다.

1.7 쇄국에 대하여

근세에 '일본적' 문화가 형성된 데에는 쇄국이 크게 관여했다는 견해도 있을 것이다. 분명 근세의 쇄국과 대비해서 생각할 사상事象으로 894년, 스가와라노 미치자네[94]의 헌언에 의한 견당사 폐지를 들 수 있다. 이후 일본은 나라·헤이안 초기에 활발하게 흡수한 대륙 문화를 소화하여 이른바 국풍 문화를 성립시켰다. 근세의 쇄국과 '일본적' 문화의 형성에 대해서도 마찬가지일 수 있다는 문제가 있다. 근세의 쇄국에 대해 나름의 견해를 서술하겠다. 결론부터 말하면 에도 막부의 쇄국 정책, 특히 정책 실시에 관한 후세의 논평은 그 의의와 공과라는 점에서 심히 부당한 부담을 지웠다고 생각한다. 예를 들면 현대 일본인의 국제성 결여조차 근세 쇄국의 후유증인 것처럼 말하기도 하는데 일본인의 섬나라 근성이 단순히 쇄국 때문이라고 할 수 없다.

쇄국체제는 3대 쇼군 도쿠가와 이에미쓰德川家光 치세인 간에이寬永 연간(1624~1644)에 완결된다. 거의 같은 시기에 에도 막부의 지배 체제도 확립하므로 쇄국 정책이 지배 체제 확립에 중요한 의미를 가진다고 충분히 생각할 수 있다. 쇄국에 대한

---

94) 스가와라노 미치자네(菅原道眞, 845~903)는 헤이안 시대 전기의 귀족이자 학자로 우다(宇多) 천황의 신임을 얻어 문장박사·장인두(藏人頭)·참의(參議) 등을 역임하였다. 다이고(醍醐) 천황 때 우대신이 되었지만 901년 대재권수(大宰權帥)로 좌천되어 그곳에서 사망한다. 문장에 뛰어나 삼성(三聖)의 한 명으로 꼽히며 사후 기타노텐만궁(北野天滿宮)에 제사되어 학문의 신으로 추앙받고 있다.

연구도 그런 문제의식에서 이루어지고 있는데 나는 아직 충분히 설득적인 논증 성과를 접하지는 못하였다.

간에이의 쇄국은 1636년의 일본인 해외 도항 금지와 1639년 포르투갈선 내항 금지가 두 개의 큰 기둥인데, 막부가 어떤 적극적인 의도로 이런 정책을 일부러 행했다고는 보이지 않는다. 오히려 수동적인 행동이었다고 생각한다.

포르투갈인이 내쫓긴 것은 당시 네덜란드가 동양 무역을 제패했기 때문이다. 1596년 히데요시의 기독교 탄압 이래 스페인은 일본과 무역이 끊겼고 멕시코 은광이 개발되면서 일본에 대한 매력을 잃었다. 영국도 1623년 히라도平戸 상관商館을 폐지하고 일본을 떠났다. 포르투갈이 일본에서 쫓겨나게 된 직접적인 이유는 시마바라·아마쿠사의 난[95] 당시 기독교도에게 은밀한 지원을 했기 때문인데, 네덜란드와 영국은 구교국에 대해 항상 중상 밀고를 해서 막부에 큰 영향을 미쳤다. 따라서 포르투갈 추방은 여러 해에 걸쳐 네덜란드가 노력한 효과라고도 할 수 있다. 더욱이 2년 뒤인 1641년 네덜란드는 말라카 해협을 점령하였으므로 설령 내항 금지령이 없었다 해도 포르투갈은 일본에 올 수 없었을 것이다.

---

95) 시마바라(島原)·아마쿠사(天草)의 난은 1637년 10월 하순부터 1638년 2월 하순 동안 규슈의 시마바라와 아마쿠사에서 일어난 대규모 민중 봉기로 기독교도가 다수 참가하였다. 마스다 시로도키사다(益田四郎時貞)를 수령으로 한 수만의 농민들이 막부의 진압군과 싸웠다. 결국 막부의 로주 마쓰다이라 노부쓰나(松平信綱)가 규슈의 다이묘들을 지휘하여 봉기군의 근거지인 하라(原)성을 공략하여 전원 주살하였다.

쇄국의 이유에 대하여 에도시대에는 오로지 기독교 탄압만을 명분으로 내세웠다. 근대 이후에는 경제상 문제로 설명하려는 동향이 주류였다. 아마도 근세 일본의 종파 교단은 세속적 실력이 약화되어 정치권력에 종교 세력이 더 이상 위협이 되지 않았기 때문에 경제 문제로 설명하였을 것이다. 그러나 현대에도 종교 세력이 보란 듯이 정치에 실력 행사하는 일이 흔하다. 근세 초기의 정치권력이 기독교에 강한 공포심·경계심을 가졌음은 어렵지 않게 상상할 수 있다. 이를 있는 그대로 쇄국의 최대 요인이라 받아들여야 하지 않을까.

근세 초기의 정치 권력자의 대외 방침 변동은 기독교에 대한 경계심과 해외 무역의 필요도가 균형을 이루고 있었다. 예를 들면 도쿠가와 이에야스는 무역을 중시하였기 때문에 기독교는 그 기회를 틈타 일본에 퍼졌다. 1616년 이에야스가 사망하자 막부의 방침은 점차 금교를 위한 무역 제한이 부득이하다는 쪽으로 바뀌었다. 간에이의 쇄국은 그 도달점이었다. 거기에는 근세 초기 일본의 해외 무역의 내용·성격이 크게 관련된다. 일본의 동남아시아 무역은 한때 상당히 활황이었다. 쇄국 정책이 그것을 무리하게 억눌렀다고 생각하는 사람도 있겠지만, 당시의 해외 무역이나 일본인의 해외 진출은 속 빈 강정이라 할 만하였다.

종종 일본의 근세 초기를 영국의 엘리자베스 1세 때와 대비하는 사람이 있다. 특히 외국의 일본사 연구자 중에 그런 시각을 가진 사람이 많은 것 같다. 엘리자베스 1세는 1603년에 사망하였는데, 같은 해 일본에서는 이에야스가 에도 막부를 열었다. 요컨대 엘리자베스 1세는 노부나가·히데요시 시대 사람이다.

이 무렵 양국 모두 국운이 크게 융성하였다. 1588년 영국은 스페인의 무적함대를 부수고 일곱 해역을 제패하는 서막을 열었다. 히데요시가 취락제[96]에 고요제이[後陽成] 천황을 맞이한 거사를 치른 해이기도 하다. 그보다 대비되는 것은 동남아시아 진출이다. 그 후 영국은 착착 근대 국가의 길로 나아가 크게 발전하였으나 일본은 문을 닫고 봉건 국가로 정체하였다.

이렇게 서술하면 일본사 전개에 간에이 쇄국의 책임이 중대한 것처럼 느껴지는데 당시 양국의 국내 산업과 무역의 관계를 보자. 영국에서는 산업 혁명 전이긴 했지만 국내 주요 산업이던 모직물 공업은 유럽대륙의 직물 시장과 긴밀하게 결부되었다. 따라서 영국은 대륙 시장과 관계가 끊어지면 국내 경제에 치명상이 될 수 있었다. 그래서 외국군대에 의해 봉쇄(예를 들어 1806년 나폴레옹 1세의 대륙봉쇄령 등)되는 경우라면 몰라도 스스로 쇄국하는 일은 있을 수 없었다.

이에 비해 근세 초기 일본의 주요 수입품은 무기 등 군수품이고, 또 신흥 무가나 호상의 위용을 빛내줄 견·모직물·가죽

---

96) 취락제(聚樂第)는 교토에 있는 히데요시의 저택으로 화려하고 장대하다. 1587년 완성한 다음 해 히데요시는 고요제이 천황을 부르고 다이묘들이 자신에게 충성을 맹세하도록 하였다. 일본어로는 '주라쿠다이'라 읽는다.

제품과 그 밖의 사치품이었다. 이런 물품을 당시 갑자기 산출된 풍부한 금은으로 사들였던 것이지 당시 일본 국내의 일반 산업에 기초한 무역이 아니었다. 그래서 이른바 겐나 언무元和偃武, 즉 1615년 히데요시 가문의 멸망으로 국내 전쟁 위기가 줄어드는 한편, 금은 산출량도 급속히 감소하면서 쓸데없이 사치품을 수입하는 해외 무역이 재검토된 것은 필연이었다.

이윽고 "우리의 유용한 재목을 저 무용지물과 바꾸는 것은 우리나라가 오래도록 해오던 정책이 아니다. (중략) 약재 외에는 살만한 것도 없다"(아라이 하쿠세키『오리타쿠시바노키』[97])라고 한 것처럼 지식인들 사이에 무역 무용론이 주장되었다. 요컨대 근세 초기는 국내 산업도 극히 미성숙하였고 영국처럼 대륙 시장과 이어지지도 않았다. 해외 무역은 쇠퇴할 운명이었다. 무역의 의미가 이처럼 가벼워지면 그에 반비례하여 기독교의 위협감이 증대한다. 간에이의 쇄국은 이런 과정을 거쳐 시행되었다.

요컨대 쇄국 체제는 더욱 진전하려는 해외 교류를 막부가 일부러 무리하게 차단한 고립 정책이 아니었다. 쇄국의 일면은 막부의 손이 닿지 않는 외국 간 세력 다툼의 결과이다. 다른 측면은 일본인의 해외 도항 금지이다. 이것은 막부의 책임이라

---

97)『오리타쿠시바노키折りたく柴の記』는 하쿠세키의 자서전으로『折焚柴の記』라고도 표기한다. 책 제목은 고토바(後鳥羽) 천황의 시, "저녁 무렵 생각이 날 때마다 꺾어 지피던 땔나무 연기 목이 메이네. 이 또한 기쁘구나, 그대가 남긴 자취라 생각하니."에서 유래한다. 1716년 이에노부의 5주기에 집필을 시작하였다. '오리타쿠'는 꺾어서 불을 태운다는 뜻이고 '시바'는 땔나무를 가리킨다.

하더라도 밑바탕에는 근세 초기 해외 무역의 급속한 쇠퇴가
깔려 있으며, 그런 까닭에 기독교의 위협감이 전면에 강하게
드러난 결과이다.

쇄국이 문자 그대로 일부러 나라를 봉쇄한다는 의미에서
논의된 것은 근세 후기 거의 19세기에 들어서이다. 이 무렵
해외에서는 네덜란드가 동양 무역에서 우위를 잃고, 러시아·
영국·미국이 일본에 접근하면서 막부는 이국선 출몰에 골머리
를 앓았다. 국내에서는 막부 지배 체제의 모순이 점점 커졌다.

그런 가운데 해외에 대한 일본인의 지식이 늘었다. 예를
들면 혼다 도시아키本多利明(1743~1820)는 『서역물어西域物語』,
『경세비책經世祕策』을 지어 적극적인 해외 무역으로 부를 축적
해야 한다고 주장하였다. 하야시 시헤이林子平(1738~1793)는
『해국병담海國兵談』, 『삼국통람도설三國通覽圖說』을 지어 외국의
위협을 주장하였다. 이런 분위기에서 쇄국을 조법祖法으로서
굳게 지키려 했던 막부 수뇌부의 보수적·소극적 정책이 나타
나는 것이다. 일반적으로 쇄국이라 하면 근세 후기의 고루한
정책이란 인상을 가지고 유추하는데, 간에이 당초 쇄국이 지닌
의미와는 상당히 달라진 것을 알아야 한다.

게다가 쇄국이라 해도 결코 문화 교류 측면까지 고립되지
는 않았다. 그에 대해서는 뒤에서도 서술하겠지만 명말기에서
청에 걸쳐 중국 문화는 일본에 크게 영향을 미쳤다. 예를 들면
앞에서 선종의 '일본화' 부분에서 언급하였던 도샤 조겐道者超元
(1651년 도일)이나 인겐 류키隱元隆琦(1654년 도일)는 일본 선

종계의 활성화에 다대한 자극을 주었다. 유학에서는 주순수朱舜水(1600~1682)가 1659년에 건너와 미토학水戶學 형성에 적지 않은 영향을 끼쳤다.

　미술계에서는 근세 중기 이후 이부구伊孚九·심남빈沈南蘋·송자암宋紫岩 같은 화가가 도래하여 문인화·사생화를 전하며 정체된 일본 화계에 새바람을 불어 넣었다. 이를 배워 마루야마 오쿄圓山應擧(1733~1795)·이케 다이가池大雅(1723~1776)·다노무라 지쿠덴田能村竹田(1777~1835)·소 시세키宋紫石(1712~1786)·요사 부손與謝蕪村(1716~1783)·다니 분초谷文晁(1763~1840)·와타나베 가잔渡邊崋山(1793~1841) 등이 에도 후기 화단에서 활약했다. 학계에서는 고증학·본초학이 전래된 영향이 컸다. 또 오늘날 세계적인 스포츠의 지위를 굳힌 유도 역시 만지萬治 연간(1658~1660)에 도일한 진원윤陳元贇에 의해 일본 전래의 무기武技가 더욱 발달하였다.

　이것은 모두 쇄국 아래서도 대륙 문화의 영향이 지대했음을 보여준다. 이를 보면 에도시대에 대륙 문화와 밀접한 관계는 이전 어느 시대보다 깊었으면 깊었지 덜하지 않았음을 알 수 있다. 요컨대 쇄국이라 하더라도 문화적 정보는 상당히 풍부하게 들어왔으며 또 일본의 지식인들은 거기에 예민하게 반응하였다. 즉 '일본적' 문화는 그런 자극속에서 형성되었으며 세계에서 격절·고립된 가운데 숙성되었다고 할 수 없다.

제 *2* 장

새로운 국가의 성장과 전개

2.1 '일본적' 문화 형성의 배경

헤이안 시대의 국풍 문화와 근세의 '일본적' 문화 모두 외래문화를 섭취·소화하여 이곳의 풍토에서 독자적인 문화를 형성한 것이라는 점에서 유사성이 인정된다. 그러나 각 문화를 육성한 역사의 흐름을 생각하면 방향은 상당히 달랐다고 지적할 수 있다. 국풍 문화가 배양된 배경에는 율령제 국가가 그야말로 쇠퇴하기 시작하는 추세였음에 대하여, 근세 '일본적' 문화가 형성되는 기반에는 현대로 이어지는 새로운 국가의 약동이 느껴진다.

역사를 전공하는 많은 사람들에게는 이미 상식이지만, 일본의 역사를 생각할 때 일반적으로 전제가 되는 커다란 오해가 있다. 바로 일본 열도 역사와 일본 국가 역사의 혼동이다. 고대 국가 성립 이래 일본에는 국가가 변함없이 존속하였고 다만 정치 형태만 바뀌었다는 관념이다.

우리들은 전전戰前에 '정치'는 변하지만 '국체'는 천양무궁 하다고 배웠다. 1945년 8월 포츠담 선언 수락 후 국가의 슬로 건으로 '국체호지國體護持'를 강하게 외쳤다. 그 후 '국체' 관념은 급속하게 무너져 갔지만 국가 불변의 관념은 여전히 강한 것 같다.

외국사의 경우라면 이민족의 정복이나 대통일 국가의 해체, 국가의 변천이 지극히 명료한 경우가 많기 때문에 국가의 성격 이 역사적으로 변화한다는 것은 역사학자가 아니더라도 이해할 수 있다. 그런데 일본의 경우 예를 들면 북방에서 온 기마 민족 의 정복으로 고대 국가가 성립했다는 등의 가설이 나올 수 있던 시대는 잠시 제쳐두고, 지리적 조건 때문인지 이민족에 의한 왕조 교체를 경험하지 않았다. 그래서 앞에서 서술한 것처럼 일본 열도의 역사와 일본 국가의 역사를 혼동하는 국가 불변의 관념이 생겨난다.

그러나 고정관념에 사로잡히지 않는 한 역사적 사실을 눈 여겨보면 일본 국가의 성격에는 분명 역사적 변천이 들어 있 다. 거기에는 대개 두 가지 시각이 있다. 하나는 국가 권력은 역사의 각 시기에 항상 존재하였으나 각 단계에 따라 성격을 달리하면서 성립하였다는 시각, 다른 하나는 역사상 국가는 중단되었다는 시각이다. 그것은 고대 국가 쇠퇴 후 지금의 국 가가 성립할 때까지 공백 기간이 있다고 파악하는 관점이다.

　　나는 후자이다. 요컨대 중세의 어느 시기 국가 권력은 소멸했지만 근세에 들어서면서 새로운 국가가 성립하여 현대에 이르렀다고 이해한다. 앞 장에서 나는 이른바 '일본적' 문화가 형성되는 것은 근세라고 했는데, 여기서는 그런 문화사적 흐름과 시기를 같이하면서 새로운 국가가 성장했음을 논하겠다. 물론 양자는 무관계한 현상이 아니다.

2.2 국가의 공백기

그에 앞서 중세 국가 공백기의 존재에 대해 서술하겠다. 상식적인 시대 구분에서 일본의 중세는 12세기 말에 가까운데, 가마쿠라 막부의 성립을 시작으로 본다. 막부는 단순히 쇼군의 본영을 의미하는 것이 아니라 하나의 정치권력을 의미한다. 가마쿠라 막부는 우선 동국東國 즉 동해도·동산도·북륙도[1]를 지배하는 무가권력으로서 성립하여 이윽고 전국으로 권력을 확장시켰다는 견해가 가장 타당하다. 그런데 그 권력의 배후에 고대 국가의 권력 즉 율령 권력이 엄연히 존재하였음을 간과해서는 안 된다.

1190년 요리토모賴朝의 우근위대장右近衛大將 임명과 1192년 정이대장군征夷大將軍 임명을 가마쿠라 막부 성립의 결정적 지표라고 보기에는 부족하다는 것이 오늘날 상식이다.(다만 일본사 수험공부를 하는 학생들은 여전히 1192년을 '이이쿠니[2]' 라 하여, 막부 성립 연도를 '좋은 나라 만드는 가마쿠라 막부'라고 외우는 것 같다.) 사토 신이치[3]는 1183년 10월 미나모토노

---

1) 율령제 아래 지방 행정 구역인 오기칠도(五畿七道)의 일부로 7도에는 동해도·동산도·북륙도·산음도·산양도·남해도·서해도가 있다. 동해도(東海道)는 기내에서 해안 쪽의 지역으로 일본어로는 '도카이도'라고 한다. 동산도(東山道)는 기내의 동쪽 산지를 중심으로 하는 지역으로 일본어로는 '도산도'라고 한다. 북륙도(北陸道)는 지금의 중부 지방이 우리나라 동해에 면한 지역으로 일본어로는 '호쿠리쿠도'라고 한다.
2) 숫자 1192를 일본어로 발음하면 '이이쿠니'와 비슷하며 이것은 또 '좋은 나라'로도 풀이된다.
3) 사토 신이치(佐藤進一, 1916~2017)는 일본 중세 법제사 및 고문서학 연구자이다. 도쿄대학을 비롯하여 나고야대학, 주오대학 교수를 역임하

요리토모源賴朝가 동국에서 강대한 공권력 행사의 권한을 조정 으로부터 인정받았으며, 이것이 동국의 정권으로서 가마쿠라 막부 성립에 지극히 중요한 지표라고 주장한다.

참고로 1185년에는 이른바 '문치칙허文治勅許'에 따라 기내 畿內 이서에서 총추포사4)·지토地頭 설치가 인가되었다. 나아가 조큐의 변5) 2년 뒤인 1223년에는 막부에 적대했던 공가公家의 장원에 보임된 신보지토6)에 대해서도 역시 조정에 의해 수입 의 비율이 정해졌다.

이처럼 막부의 중대한 권한은 원칙적으로 조정의 명령에 따라 설정되었다. 요리토모 이래의 전통을 계승한다고 강조 하면서도 에도 막부는 이 부분이 현저히 달라서 조정의 권위 발휘를 극력 억제하려 하였다. 요컨대 일본 중세의 경우 국가 권력의 존재를 인정한다 해도 그 권력은 고대 국가 권력을 대 신하여 출현한 것이 아니며, 또 율령 정권의 껍질 안에 자리

였다. 『일본의 역사 9 남북조의 동란(日本の歷史 9 南北朝の動亂)』은 남북조 시대의 필독서로 꼽는다.

4) 총추포사(惣追捕使)는 가마쿠라 시대 설치된 군사경찰관의 하나이다. 미나모토노 요리토모는 독자적으로 판단하여 헤이케(平家) 추토 수단 으로 서국(西國)에 총추포사를 설치하였다. 이후 1185년 칙허에 따라 요시쓰네(義經) 추포를 목적으로 전국 설치의 권한을 승인받았다.

5) 조큐의 변(承久の變)은 1221년 고토바(後鳥羽) 상황이 가마쿠라 막부 토벌을 꾀하였다가 패배하여 공가 세력이 쇠퇴하고 무가 세력이 강성하 게 된 전란이다. '조큐의 난'이라고도 한다.

6) 신보지토(新補地頭)는 가마쿠라·무로마치 막부의 직명이다. 1185년 칙허에 따라 요리토모가 각지의 장원과 공령(公領)에 설치하여 가신들 을 임명하였다. 경찰과 형사 재판권을 가졌으며 점차 재지 영주로 성 장하였다. 조큐의 난 이전에 임명된 것을 본보지토(本補地頭), 이후에 임명된 것을 신보지토라 하였다.

잡은 것이라고 해도 과언이 아니다. 그러나 공적 권력은 해를 거듭할수록 쇠약해졌다. 고대 국가 권력의 껍질을 뚫고 나온 것이 사적 지배관계이다.

가마쿠라 막부는 율령 정권에서 자기 행동의 합법성의 근거를 찾았다. 정권 내부에서는 후지와라藤原 시대에 섭관가攝關家 등 궁정 귀족이 가령家領인 장원을 지배하기 위해 설치한 가정家政 기관인 정소7)를 본떠서 쇼군가가 가인家人을 지배하는 기관을 설치하였고, 그것으로 전국을 지배하였다. 요컨대 의제적擬制的 가족 관계인 사적 지배 관계가 내부의 근간을 이루었다. 고케닌8) 내부도 총령제9)라는 대가족 형태를 취하였다.

가장에 의한 가족원 지배라는 형태의 결합관계가 점점 전국으로 확대되어 공권력의 존재가 미약해졌다. 무로마치 시대 유력한 슈고10)였던 오우치씨大內氏가 낸 1491년의 법령에서 극단적으로 드러난다. 다음과 같다.

---

7) 정소(政所)는 헤이안 시대에 친왕(親王)이나 공경(公卿)의 가정기관이었으나, 가마쿠라·무로마치 막부 시대에는 재정과 일부 민사 소송을 관장하는 기관의 역할을 하였다. 일본어로 '만도코로'라고 한다.

8) 고케닌(御家人)은 쇼군의 후다이(譜代) 무사를 가리킨다. 에도시대에는 특히 쇼군 직속의 가신으로 쇼군 알현의 자격이 없는 이들을 뜻한다.

9) 총령제(惣領制)란 가마쿠라 시대 분할 상속으로 분립한 일족이 총령의 통제에 따라 결집하는 재지 영주의 동족 결합 형태를 뜻한다. 무로마치 시대에는 붕괴하여 점차 적자 단독 상속제로 이행하였다.

10) 슈고(守護)란 가마쿠라·무로마치 막부의 직명이다. 1185년 칙허로 미나모토노 요리토모가 각국에 설치하여 치안과 모반인 및 살해자 추포 등을 담당하였다. 원래는 국사(國司)의 공사(公事)나 지토의 업무에 간섭할 수 없었으나 점차 권력이 확대되어 해당 지역의 지배자가 되었다.

가신에서 내쫓긴 무리는 살해·인상^{끼傷}을 당하거나 치
욕·횡난^{横難}에 쫓기어 신변에 어떠한 사정이 생겼다 해도
이미 주군의 책망을 들었으니, 마땅히 '공계왕래^{公界往來}'
에 준거하여 그 적은 죄과가 없다. (원 한문)

즉 오우치 씨의 가인이 주군의 책망을 받아 가문에서 추방
된 경우, 그자가 어떤 피해를 입더라도 '공계왕래'에 준하는 것
이므로 가해자는 죄과의 책임이 없다는 것이다. 게다가 이것은
하타케야마 모치쿠니^{畠山持國}(1398~1455)가 무로마치 막부의
관령[11] 재직 중에(1442~1445, 1449~1452) 내린 판결을 모방
한 것이라 하였으므로, 어느 한 슈고의 영지 내 조치에 그치지
않고 무로마치 막부의 방침이었다는 의미이다. (다만 모치쿠
니가 몇 년도에 어떠한 사건에 대해 그러한 판단을 내렸는지는
분명하지 않다.)

'공계왕래'에 대해서는 아미노 요시히코[12]가 1978년에『무
연·공계·낙^{無緣,公界,樂}』을 저술하여 역사학계에 큰 화제가 되
었다. 근세사 연구자로서 나름대로 생각해 보았다. '무연^{無緣}'
이란 예를 들어 범죄자가 도망쳐 들어온 경우 외부 권력이 따라
들어와 추적할 수 없는 장소를 뜻한다. '공계왕래'도 위의 오
우치가의 법령대로 오우치가의 지배 권한 밖에 있는 지역에서

---

11) 관령(管領)은 무로마치 시대 직명으로 쇼군을 보좌하여 막부의 정무를
총괄하였다. 가마쿠라 막부의 '싯켄(執權)'에 해당하며 일본어로는 '간
레이'라고 한다.
12) 아미노 요시히코(網野善彦, 1928~2004)는 일본 중세사 전공자로 가나
가와대학 교수를 역임하였다. 기성의 개념에 구애받지 않고 비농업민
연구 등을 통해 역사학을 재검토하였다.

발생한 범죄에는 오우치가로서 개입하지 않는다는 태도를 보이고 있으므로 '무연'과 거의 같은 지역이라 할 수 있다. 또 이들 지역은 외부의 주종 관계나 채권·채무 관계에서 절연한다는 점을 생각하면 '낙시·낙좌'[13]와도 공통된다.

그러나 '공계'는 원래 공지公地를 의미하여 공권력이 지배하는 토지였을 것이다. 아미노의 견해에 따르면 '무연', '공계', '낙' 각각의 지역에 독자적인 질서가 존재하였다. 또 외계外界를 향하여 그렇게 주장하였고 외계도 그것을 존중하였던 듯이 이해된다. 그렇지만 그곳은 정치권력에서 벗어난 성역으로 자유로우면서도 다른 한편 외부 권력의 보호에서도 벗어나 있었다. 율령제 시대의 공지공민公地公民같은 '공'의 의미에서도 근세의 공의公儀같은 '공'과도 상당히 다른 '공'의 세계가 중세에 성립하였던 것이다.

율령제 쇠퇴는 공의 세계가 사적 권력에 침식되는 과정으로 파악할 수 있다. 특히 토지는 723년의 삼세일신법, 743년의 간전영구사유령[14] 등 이미 나라 시대부터 개발 장려 정책에 따라

---

13) 낙시(樂市)·낙좌(樂座)는 일본어로 '라쿠이치·라쿠자'로 읽는다. 전국시대와 아즈치·모모야마 시대 다이묘가 상인을 조카마치(城下町)으로 집중시키기 위해 시장이나 주요 도시에 구래의 독점적 시좌(市座) 특권을 폐지하고 신규 상인에게도 자유 영업을 인정한 법령이다.

14) 삼세일신법(三世一身法)은 개간 장려를 위한 법이다. 관개용 수로를 새로 개발하여 땅을 개간한 자는 본인 혹인 자식부터 3대까지 개간지의 보유를 허락하고, 기존 용수를 이용하여 개간한 자는 본인 1대에 한하여 보유를 허가하였다. 그 후 간전영구사유령(墾田永久私有令)이 제정되어 조건없이 개간지에 대한 영구 사유를 인정하였다. 이로써 대사원이나 유력 귀족의 개간이 활발해져 장원제 성립으로 이어졌다.

사유화가 진행되었다. 헤이안 시대에는 산천총택[15] 같은 공유지도 권문세가에 의해 사유지화되었다. 장원제가 발달하며 사유지화가 진전됨에 따라서 국사[16]의 지배하에 있던 토지를 공령公領 혹은 국아령國衙領라 부르게 된다. 국가 권력도 사령주私領主와 동등한 처지까지 떨어졌다고 할 만하다.

　　그렇게 해서 '공계왕래'라는 용어가 성립하는 시기가 되면 공의 세계는 심히 특수하고 제한된 세계가 되어 버렸다. 일본의 국토는 사적 지배 영유 관계가 보편적이었고, 거기서 벗어난 성역이나 무법 지대만이 겨우 공의 세계로 남겨졌다. 본래 공권력은 사적 관계에도 미치지만 이 시기에는 극히 제한된 지역과 사람들에 대해서만 존재하였고, 그것도 실력에 기반한 지배라기보다 신앙과 금기라 할 정신상의 지배였다.

　　국가와 관련시켜서는 이 시기 천황의 입장을 생각해 봐야한다. 특히 황실의 경제적 쇠퇴는 패전 전 교과서에도 실려 있다. 황실의 쇠퇴는 단지 경제 문제뿐 아니라 근저에 가치관의 큰 혼란이 포함되어 있다.

　　『태평기』권19「광엄원전중조어사光嚴院殿重祚御事」의 단段에는 "그즈음 하잘것없는 시골뜨기들이 다회나 주연에서 변변찮은 이야기를 하고 있었는데, '참으로 지명원님持明院殿처럼

---

15) 산천총택(山川叢澤)은 산천수택(山川藪澤)이라고도 하며 개발되지 않은 토지를 뜻한다.

16) 국사(國司)는 율령제에서 조정이 각국으로 파견한 지방관을 뜻한다. 가미(守)·스케(介)·조(掾)·사칸(目)의 사등관과 그 아래 시조(史生)가 있다. 국사의 집무소를 국아(國衙)로 불렀다.

행운이 큰 사람은 없을 거야. 쇼군의 후원으로 전투 한번 하지 않고 왕위에 오르셨지'라며 이러쿵저러쿵 말하는 것은 우스꽝스럽다"라고 서술되어 있다. 『태평기』에는 1336년 아시카가 다카우지足利尊氏가 광엄원이 후견인 노릇을 했던 유타히토豊仁 친왕親王 즉 광명원光明院을 황위에 앉힌 것을 광엄원 중조라고 착각하고 있다. 천황이 누구였는지는 제쳐두고, 시골뜨기 무사로 하여금 황위도 그렇게 군충軍忠에 대한 은상인 듯이 서술되는 것에 주목해야 한다.

또 고다이고後醍醐 천황의 토막討幕 계획을 '천황의 모반'이라 표현하는 기사가 『태평기』 곳곳에 보이는데, 그런 군기물뿐 아니라 『화원원신기花園院宸記』 1324년 11월 14일 기사에도 "성주지모반聖主之謀叛"이란 표현이 사용되었다. 그에 따라 '천황의 모반'이란 관념이 당시 일반에 유포되었음을 알 수 있다.

'공'과 '국가', '천황'은 고대 율령 국가에서는 한 몸이었다. 적어도 가마쿠라 초기까지 막부는 자기 행동의 합법성을 황실=고대 국가의 승인에 의해 획득하였다. 그것이 사회에서 막부의 권위를 뒷받침하였다. 그런데 남북조·무로마치 시대가 되면 그런 가치 체계가 심하게 붕괴되었다. 몽매한 민중의 입을 빌리는 형태이긴 하지만 황위가 군충에 대한 은상이라는 관념에서는 천황과 쇼군의 처지가 역전된다. '천황의 모반'이라는 말에서는 천황과 국가의 관계가 완전히 혼동되고 있음을 알 수 있다. '공계'가 '무연=무주'의 세계와 동의어로 사용되는 것과 천황의 처지 변화는 시기적으로 봐도 같은 흐름에서 생각해야 한다.

'하극상'의 시대라고 하는 것도 거의 같은 시대이다. 이 말은 문헌에서는 가마쿠라 중엽부터 보이지만 시대 흐름으로 보면 남북조·무로마치 시대에 들어 현저해진다. 일본에서는 외국처럼 혁명은 없었지만, 14세기 중엽부터 약 두 세기에 걸친 변동은 일본 사회를 뿌리부터 흔드는 것이었다. 그 변동을 잘 말해주는 것이 계도系圖이다.

일본의 가계에서 이 두 세기를 관철하여 고대 이래 신뢰할 수 있는 계도를 가진 것은 황실과 궁정 귀족 외에 극히 드물다. 근세 이후 명가의 가계도는 이 두 세기 이전으로 거슬러 올라 가기 어렵다. 고대의 명족으로 이어지는 가계도를 가졌다 해도 대개 근세에 가문이 융성한 뒤에 만들어진 것이다. 예를 들면 도쿠가와 가문이 세이와 겐지淸和源氏로 이어지는 것도, 1566 년 이에야스가 마쓰다이라松平에서 도쿠가와로 바꾼 무렵부터 1603년 정이대장군에 임명된 사이에 걸쳐 만든 것이다. 요컨 대 이 두 세기를 전후하여 13세기와 16세기는 쉽게 이어지지 않는다.

두 세기의 혼란 속에서 고대 이래의 문물은 사라지거나 토 착하여 풍속으로 바뀌어 겨우 명맥을 이었다. 그렇게 해서 근 세에 들어 새로운 생명이 되살아났다. 앞 장에서 서술했듯이 문화는 널리 각층에 정착하여 일본 고유문화의 성격을 띠게 되었다. 국가 또한 근세에 들어 새로운 국가로서 성장하였다.

2.3 공의公儀의 성립

에도 중기의 유학자 유아사 조잔湯淺常山(1708~1781)은 『문회 잡기文會雜記』에 그의 벗인 마쓰자키 간카이松崎觀海(1725~1775) 의 다음과 같은 주장을 싣고 있다. "이에야스 이래 깔끔하게 정리된 제도가 마련되지 않았다. 산부교[17]로 천하의 정치를 꾸려 나가는 것은 허술하다. 고미야마 모쿠노신[18]도 '막부의 정치는 촌장 방식이다'라고 비평하였다."

'촌장 방식'이라는 것은 당시 정부가 쇼야 혹은 나누시를 우두머리로 하는 소수의 마을관리에 의해 운영되고 있는 상 태를 그저 확대한 데 지나지 않을 정도로 막부의 지배 구조가 단순하다는 의미이다. 근대에도 이 견해에 더하여 근세 정치 조직은 막부도 다이묘들도 중세 전국기의 토호·지주가 이윽고 대영주로 약진하면서 그들 가문의 기관을 확대한 것이라고 주 장한 학자가 있다.

관련하여 막부 권력의 성격에 대해서 다음과 같은 해석도 있다. 요컨대 도쿠가와씨도 봉건 영주의 하나로 그저 그 최대 치였으며 경제적 기반의 압도적인 차이로 다른 영주를 종속시

---

17) 부교(奉行)는 막부의 관직으로 가마쿠라·무로마치 시대에는 효조슈 (評定衆)·히키쓰케슈(引付衆)라 하였고, 아즈치·모모야마 시대에는 다이로(大老) 아래 참정(參政)이었다. 에도시대에는 지샤(寺社)·에도 마치(江戶町)·간조(勘定)의 세 부교가 있었으며 각각 사원 관리, 에도 의 행정 및 사법, 막부 재정 등을 담당하였다. 이들을 통칭하여 산부교 (三奉行)라 불렀다.

18) 고미야마 모쿠노신(小宮山杢之進, 생몰년 미상)은 교호 개혁 무렵 이 름난 다이칸(代官)으로 일컬어진 인물이다.

켰다. 요컨대 막부와 다이묘들의 차이는 양적인 문제이지 권력의 질적인 차이가 아니다. 따라서 막부 권력에 왕권으로서의 성격은 인정되지 않는다는 것이다.

분명 직할령의 농민 지배라는 점에서는 에도 막부나 여러 다이묘들도 질적인 차이가 없다. 그러나 막부 권력은 직할령의 농민 지배에만 한정되지 않는다. 다이묘들과 질적으로 다른 에도 막부의 권력을 생각해보자. 그것은 동시에 새로운 국가 권력의 형성을 의미하기도 한다.

지금은 일반적으로 에도 막부 혹은 도쿠가와 쇼군이라고 부르지만 당시에 막부는 공의公儀, 쇼군은 보통 '구보사마公方様'라 불렀다. 공의·공방公方은 근세에 비롯된 말이 아니라 이미 무로마치 막부 무렵부터 사용되었다. 그러나 막부의 실력 차이 때문이었는지 중세와 근세에서 그 무게감은 달랐다.

근세 공의의 힘을 여실히 보여주는 것으로 개역전봉改易轉封을 예로 들 수 있다. 전쟁에 의하지 않고도 봉건 영주의 영지를 몰수하거나 영주를 다른 지역으로 이주시킬 수 있는 힘, 그것은 중세의 무가 정권에서는 상상할 수 없었으며, 유럽의 국왕과 봉건 제후 사이에도 없던 일이었다. 도요토미 히데요시의 이른바 태합검지[19])에서 시작한 근세 초기의 검지에 의하여, 공의는

---

19) 태합검지(太閤檢地)는 1582년부터 1598년까지 조세 확보를 위하여 전국에서 통일된 기준으로 시행한 토지 기본 조사이다. 이로써 석고제가 확립하고 봉건 영주의 토지 소유와 소농민 토지 보유가 전국적으로 확정되었다. 일본어로는 '다이코켄치'라고 읽는다.

전국의 토지 실태를 파악하여 다이묘들을 새롭게 배치하였다.

사쓰마薩摩의 시마즈島津 등의 경우도 얼핏 가마쿠라 시대 이래로 슈고守護·센고쿠다이묘[20]로 연속하여 근세에 이른 듯이 보이지만, 세키가하라 전투 후에 도쿠가와씨에게 굴복하여 옛 영역이었던 토지를 공의로부터 새롭게 봉여封與 받은 것이다. 전국 토지의 최종적 영유권은 공의가 가졌으며 그만큼 다이묘들과 영지의 결합은 약했다. 그런 까닭에 에도 막부가 무너지고 메이지유신 후 얼마 지나지 않아 별다른 저항 없이 폐번치현廢藩置縣이 실시될 수 있었다.

검지 결과는 석고石高 즉 해당 토지의 생산력을 미곡 생산량으로 표시했다. 이것은 영주가 현물납으로서 농민에게 징수하는 연공의 기초가 되었다. 또 봉록제와 군역제라는 막부와 다이묘·하타모토, 또 다이묘와 가신 사이에 맺어진 봉건적 주종 관계의 기초가 되었다.

석고제는 에도 막부를 정점으로 하는 새로운 국가 가치 체계의 기준이었다. 에도시대에는 화폐 경제가 해마다 현저하게 발달하였고, 막부도 다이묘도 재정 면에서 화폐에 의존하는 부분이 커졌다. 그러나 석고는 단순히 부를 나타낼 뿐 아니라 막부의 지배 질서와 불가분의 관계였다. 8대 쇼군 요시무네가 교호 개혁의 여러 정책을 수행할 때 유학자 무로 규소는

---

20) 센고쿠다이묘(戰國大名)는 일본의 전국 시대에 각지에서 할거한 영주들로, 이전 무로마치 시대의 슈고다이묘(守護大名)가 몰락하면서 새롭게 출현하였다.

막부의 재정난을 해결하는 방책으로 교토·오사카의 부호에게 어용금[21] 징수를 건의하였다. 그러나 요시무네는 받아들이지 않았는데 그런 임기응변식의 조치가 아니라 근본적인 해결책이 필요하다고 보았다. 교호 개혁의 정책들은 명분이 아닌 실리를 취하였다고 평가되는 만큼 실리적·현실적 성격이 짙었는데, 지배 체제를 강화하는 근본책으로 석고제의 관철 외에는 고려하지 않았던 것이다.

석고제와 깊게 관련되는 것이 군역제이다. 제도로서는 3대 쇼군 이에미쓰 대인 1633년에 완성되었다. 법령에 따르면 출동 명령이 내려왔을 때 천 석의 하타모토는 인원 23인, 창 2자루, 활 1자루, 철포 1정을, 1만 석의 다이묘는 기마 무사 20기, 창 30자루, 활 10자루, 철포 20정, 깃발 3개, 10만 석의 다이묘는 기마 170기, 창 150자루, 활 60자루, 철포 350정, 깃발 20개를 상비할 의무가 있었다. 석고에 꼭 정비례하지는 않지만 봉록에 따라 군비가 부과되었다. 에도시대에는 중앙 정부로서 막부가 직접 소유한 상비군은 비교적 적어 주로 다이묘들의 군역에 기대었으며 그 통수권을 막부가 가졌던 것이다.

군역은 가마쿠라 시대의 고케닌역御家人役에서 시작되었다. 가마쿠라 쇼군가로부터 영지를 받거나 기존 소유를 승인받은 무사는 은혜에 대한 봉공으로 일 년씩 교대로 교토 경호역인

---

21) 어용금(御用金)은 에도시대 막부나 번이 재정 궁핍을 보완하기 위해 임시로 어용상인에게 부과한 금전을 뜻하며, 일본어로 '고요킨'이라 읽는다.

오반야쿠大番役를 수행해야만 했다. 또 전시에도 동원되었다. '이자 가마쿠라'[22]였다. 이러한 봉건적 주종 관계의 표징이 제도화된 것이 바로 근세의 군역제이다. 따라서 근세에는 군역제와 봉록제 나아가 그 기초에 있는 석고제는 하나로 결합된 제도였다. 이러한 제도는 1872년의 지권地券 교부, 징병령, 그 뒤를 이은 석고제 폐지부터 질록秩祿 처분에 이르는 일련의 시책이 나올 때까지 존속하였다.

중세에 비해서 근세의 군역은 상당히 강제적이었다. 중세의 고케닌역도 영지의 크기에 따른 부담이었겠지만, 근세처럼 몇 석에 얼마라는 식으로 위로부터의 일방적인 할당은 아니었다. 더욱이 가마쿠라 막부의 경우 부담 관계는 쇼군가와 고케닌 사이에만 한정되었고 전국적으로는 그런 관계가 아닌 히고케닌非御家人도 다수 존재하였다. 그러나 근세의 군역제는 후다이나 도자마의 구별이 없었다. 공의의 통수권은 단지 도쿠가와 쇼군가의 가정家政 기관 내에 제한되는 권한이 아니라 일본 전역에 철저한 권력이었다.

에도 막부에 대하여 다이묘들이 지고 있던 막중한 의무가 참근교대[23]이다. 이에 대해서는 흔히 막부가 다이묘들의 경

---

22) 이자 가마쿠라(いざ鎌倉)란 가마쿠라 시대, 막부에 중대사가 생기면 곧바로 전국의 무사들이 막부가 있는 가마쿠라로 소집되던 데서 나온 말이다. '이자'란 만일의 경우, 유사시라는 뜻이다.

23) 참근교대(參勤交代)는 에도시대에 전국의 다이묘가 격년으로 영지와 에도를 번갈아 왕복하며 일정 기간 에도에서 살아야 했던 제도이다. 막부의 다이묘 통제 수단임과 동시에, 에도를 무사가 집결하는 거대 병영지로 만들었다. 일본어로 '산킨코타이'라고 읽는다.

제력을 약화시키기 위해 강제한 책략이라는 시각이 여전하다. 분명 다이묘의 에도 생활은 번 재정에 상당한 부담이었던 것은 사실이다. 그러나 그것은 결과이지 막부의 목적이라고 보는 것은 곡해이다. 참근교대는 군역 발동의 한 형태이다. 앞에서 서술했듯이 막부가 직접 장악한 상비군은 적었다. 그래서 항상 다이묘를 절반씩 에도에 주재시켜서 수도 방위를 맡긴 것이다.

   마찬가지로 막부가 각종 토목 공사를 다이묘들에게 부담 지운 것도 다이묘의 경제력 삭감을 목적으로 했다는 속설이 있다. 그러나 보청역[24]도 군역의 일종이다. 전국 시대 말기 이후 전쟁은 더 이상 맹장의 일대일 승부가 아니었다. 성을 쌓고 길을 내고 제방을 만들고 땅굴坑을 파는 등 갖은 토목 공사도 중요한 전쟁 행위였다. 그것이 평시에는 도시 건설 등에 동원된 것이다.

   군역과 관련하여 종종 보이는 오해가 하나 더 있다. 바로 에도 막부의 직할령이 체제 확립 후에 4백만 석 정도이고 일본 전체는 3천만 석인데 4백만 남짓한 영지에서 나오는 수입만으로 일본 전국을 통치했기 때문에 일찍부터 재정적으로 취약했다는 견해이다. 분명히 행정 경비는 직할령에서 나오는 수입에 의존하였지만, 앞에서 서술했듯이 군역 제도에 의해 상비군의 경비 부담이 적었다는 사실을 간과하면 안 된다.

---

24) 보청역(普請役)은 전국 시대부터 에도시대에 다이묘·무사·영민들에게 축성, 사사·궁전 조영, 가옥·하도(河道) 수리 등을 위해 부과된 부역이다. 일본어로 '후신야쿠'라 읽는다.

이런 오해와 속설이 나오는 원인은 사쓰마나 조슈長州 같은 일부 도자마 다이묘와 막부의 관계를 잘못 상정하기 때문이다. 요컨대 막부와 도자마 다이묘 사이가 항상 적대시·긴장 관계였다고 전제하고 근세사를 보는 것이다. 분명 근세 초기와 막말은 그런 관계였다. 하지만 그런 냉전 상태가 2세기 반 동안이나 지속되지는 않았다. 그랬다면 다른 역사에서 예를 찾기 힘든 도쿠가와 3백 년의 평화가 유지되었을 리가 없다. 막부 지배 체제가 확립된 무렵부터 막번 관계는 안정, 융화 상태에 들어간다. 막번 간 모순은 사라지고 각 번의 지배의 확립·안정이 막부 지배 체제의 강화·안정을 의미하게 되었다. 요컨대 다이묘도 하타모토도 공의의 권력에 복종하여 각자의 권한에 따라 지배 체제 형성에 참여하고, 그에 의하여 근세 사회의 질서가 유지되었던 것이다. 이런 상황이었기에 막부는 상비군의 대부분을 다이묘들 특히 도자마 같은 큰 번에 의존할 수 있었다.

공의로서 전국 지배를 확립한 에도 막부가 가진 권력의 성격을 가마쿠라 막부와 비교하기 위해 조정과의 관계를 살펴보면, 확실히 도쿠가와 쇼군도 형식상 조정이 임명하였지만 막부는 그에 따른 조정의 권위 증대를 극력 경계하고 억제하는 데 애를 썼다. 그 중핵은 1615년 도요토미씨 멸망 직후에 발포한 금중병공가제법도禁中竝公家諸法度이다. 이 법령으로 대표되는 막부의 방침은 애당초 천황의 정치상 행위는 물론, 영예 부여의 권한도 강력하게 제한하여 막부의 승인 후에야 비로소 유효하다고 규정하였다.

그러나 이 법령 발포 후 얼마 지나지 않아 이에야스가 사망
했기 때문이었는지 아무래도 조정 측은 무시하였던 것 같다.
그 때 자의紫衣 사건이 발생했다. 자의 착용은 칙허에 의해 임
제종의 오산십찰五山十刹·대덕사大德寺·묘심사妙心寺, 정토종의
지은원知恩院 등 특정 대사大寺의 주지에게만 허락되는데, 막부
는 대사의 주지 임명에 엄격한 조건을 내걸었다. 그런데 조정
측이 이를 무시하고 막부 승인 없이 비교적 안이하게 주지를
임명하고 있었다. 그러자 막부는 1627년 오고쇼[25] 히데타다
秀忠 이하와 협의하여 겐나元和(1615~1623) 이후 수여된 임제종
대사 주지 임명 및 정토종 상인上人 호칭 승인을 모조리 무효로
만들었다.

이렇게 하여 "단번에 구선口宣 7, 80매가 무효가 되었으니
주상主上에게 이보다 더 큰 수치가 있겠는가?"[26]라는 상황이
되었다. 그리하여 막부에 특히 강하게 저항하였던 대덕사의
승려 다쿠안 소호澤庵宗彭 등을 "우에사마와 공사를 하게 되었
다"[27]고 하여 유죄流罪에 처하였다.[28] 고미즈노오後水尾 천황은

---

25) 오고쇼(大御所)란 원래 친왕(親王) 등이 은거하는 곳을 뜻하였으나 그
   사람에 대한 존칭이 되었다. 특히 에도시대에는 쇼군직에서 물러난 전
   쇼군을 일컫는 말로, 도쿠가와 이에야스와 11대 쇼군 이에나리(家齊)
   에게 많이 사용되었다.

26) [원주] 『호소카와가 사료(細川家史料)』, 1629년 12월 27일 자 호소카와
   다다토시(細川忠利)에게 보낸 산사이 다다오키(三齋忠興)의 서간

27) [원주] 곤치인 스덴(金地院崇傳) 『본광국사일기(本光國師日記)』 1628
   년 3월 13일 자

28) 우에사마(上樣)는 귀인에 대한 존칭으로 여기서는 쇼군을 가리킨다.
   참고로 같은 한자를 '가미사마'라고 읽으면 지체 높은 사람의 아내에 대
   한 경칭이다. 공사(公事)는 근세에는 소송과 그에 관한 재판을 뜻하며

막부의 조치에 분개하여 1629년에 양위를 결정하였다. 나라
시대의 쇼토쿠稱德 천황(재위 764~770) 이래 오랫동안 없었던
여제, 메이쇼明正 천황이 즉위한 것도 갑작스러운 양위 때문이
었다.

막부는 이에 대해 조금은 놀란 듯하였으나 힘으로 조정을
밀어붙였다. 그 후 조막 사이는 어느 정도 긴장 관계에 있었
지만 1634년 3대 쇼군 이에미쓰가 30만 대군을 이끌고 교토로
가서 무위를 내세우며 상황어료29)를 단번에 3배로 늘리는 등
재력까지 과시하면서 교토를 완전히 위압해 버렸다.

이후 조막 관계는 안정되고 이윽고 역대 쇼군은 이른바 존왕
의 사적事蹟을 드러내게 된다. 이것은 쇼군이 천황을 존숭해도
막부의 지배 질서에 위험을 느끼지 않았을 뿐 아니라, 오히려
쇼군의 권위를 꾸며준다고 느끼는 상태가 되었음을 말해준다.

다만 이후에도 중류 귀족 이하의 공가에게는 오래도록 무
가에 대한 반감이 남아있기도 하였다. 그들은 기껏해야 '동이
무례東夷無禮' 즉 '간토關東의 야만인 종자'라며 무가의 천한 예의

일본어로 '구지'라 읽는다. 재판에는 형사 사건과 민사 소송이 있으며
후자는 '공사소송(公事訴訟)'이라고 했다.
29) 조정의 수입은 세습 가능한 금리어료(禁裏御料), 1대 한정인 상황·여원
(女院)·동궁(東宮) 등의 어료, 그리고 궁가(宮家)·공가(公家)·문적
(門跡)의 영지에서 나오는 연공수입으로 구성되었다. 금리어료가 약 3
만 석, 나머지가 약 7만 석이었다. 한편 상황어료(上皇御料)는 선동어
료(仙洞御料)라고도 하며 석고가 정해진 것은 아니었다. 고미즈노오
상황은 1634년 이에미쓰의 교토 입성 시 상황어료 7천 석을 헌상 받아,
약 1만 석의 상황어료를 소유하였다.

작법을 조롱하는 것으로 울분을 달랠 수밖에 없었다. 그러나 이런 반감은 때때로 정치 문제로 비화하였고 또 막말유신기로 향하는 하나의 복류가 되었다. 이러한 공가 측의 의식에 무가도 깜짝 놀라 칙사를 맞이하는 식전 등 무가의 배려는 지나칠 정도였다. 그 정도가 격앙되어 어전에서 칼부림 사건이 발생하기도 하였다.

무가로서 해결하지 못했던 또 다른 문제는 관위였다. 즉 쇼군·다이묘·상급 관료 모두 율령제의 관위를 받고 있었다. 관위는 실질을 수반하지 않는 장식적인 칭호에 지나지 않았지만, 공의 권력의 이면에 드리운 조정 권위의 거대화에 대한 경계론은 아라이 하쿠세키·오규 소라이도 지적하였다. 이윽고 막말의 정치 정세에서 하쿠세키·소라이의 우려는 현실이 되었다.

이렇게 막부에게 조정 문제는 이른바 화산의 마그마처럼 때때로 지열을 느끼거나 분출의 기운을 내뿜게 하여 마침내 대분화까지 이르게 되지만 막부의 지배 체제가 강고한 동안에는 땅속에 봉쇄되어 있던 것이다. 가마쿠라 막부는 조정의 위광을 등에 업고 자기의 발판을 굳혀 갔다. 그리고 사적 지배의 신장과 함께 공권력은 퇴화하여 쇠약해졌다. 에도 막부는 있는 힘을 다해 조정을 형식적·장식적 지위로 억누르고 자기를 공의 =공권력으로서 성장시켰던 것이다.

2.4 가정家政에서 국정으로

중세 일본 사회의 특색이던 사적 지배 관계의 억압적 우위성이 근세 공적 권력의 성장으로 바뀐 것은 무사의 주종 관계 변화에서도 엿볼 수 있다. 물론 군역제 부분에서도 서술하였듯이 근세 역시 기본은 봉건적 주종 관계이지만 중세와는 상당히 다른 양상이 드러난다.

4대 쇼군 이에쓰나 때인 1660년 시모우사下総 사쿠라佐倉 10만 석의 성주 홋타 마사노부堀田正信는 당시 노신老臣들의 악정으로 상하 모두 지극히 곤궁하므로 자신의 영지를 곤궁한 가신들에게 나누어 주고 싶다는 의견서를 막부에 제출한 뒤 무단으로 에도에서 사쿠라로 돌아가버렸다. 이에 막부 당국은 미치광이라 하여 영지를 몰수하고 신슈30) 이다飯田로 귀양 보냈다. 마사노부는 "무변武邊 중에서도 무에 치우친 굳센 남자"라는 평을 듣는 인물이었다.

이 인물은 다음과 같은 일화도 전한다. 1656년 분고31) 후나이府內의 성주인 히네노 요시아키日根野吉明가 병사하고 양자가 허락되지 못하여 대가 끊어졌다. 그러자 에도에 있는 히네노의 저택도 몰수되게 되었다. 그러자 마사노부는 무단으로 히네노 저택에서 가까운 절에 들어가 가신을 저택 주위에 배치하고, 만약 히네노 집안사람이 막부의 몰수에 저항하기라도 하면 바

---

30) 신슈(信州)는 옛 국명인 시나노(信濃)의 다른 이름으로 지금의 나가노현(長野縣)에 해당한다.
31) 분고(豊後)는 지금의 오이타현(大分縣)에 있던 옛 국명이다.

로 종을 울려서 병사를 문 앞으로 집결하도록 계획했다. 그는 이것이 쇼군에 대한 충의라고 생각하여 후일 이를 자랑으로 여겼다.

그런데 이 사실을 들은 다이로大老 사카이 다다카쓰酒井忠勝는 그를 질책하면서 "그것은 진정한 충이 아니다. 모두 각자 분담해야 할 직무가 있는 것이다. 진정으로 충을 다하고자 한다면 바로 에도성에 출사하여 막부의 명을 기다려야 한다"며 타일렀다고 한다.

요컨대 마사노부가 생각한 충은 가신 개개인이 주군과 직결된 관계에서의 충이다. 이에 대하여 다다카쓰가 가르친 충은 막부 지배 기구 안에서 각자 지위와 권한에 맞는 행위를 요구하는 것이다. 홋타 마사노부는 근세의 새로운 질서 속에서 자신의 처지를 이해하지 못했던 것이다. 그가 무변자武邊者라 평가되는 이유도 여기에서 찾을 수 있다. 다음에 서술할 오쿠보 히코자에몬大久保彦左衛門도 마찬가지이다. 무변자라는 말에는 단지 무용이 뛰어난 자를 가리킬 뿐 아니라 기구 조직에 소속될 수 없는 난세의 호용豪勇이란 의미가 담겨있다. 근세의 질서가 잡혀가자 무변자는 살아가기 어렵게 되었다.

전국 시대 무사 중 살아남은 자 가운데 대표 격으로 미카와三河 무사의 정신을 보여준다고 일컬어지는 오쿠보 히코자에몬 (1560~1639)은 『미카와 이야기』(1626년 고稿)[32])에서 자손들

---

32) 『미카와 이야기(三河物語)』는 도쿠가와 이에야스의 사적을 중심으로 오쿠보 일족의 무공을 서술하여 자손에게 전한 교훈서이다. 1622년 초고

에게 북받친 감정으로 이렇게 훈계를 한다.

> 자손들아, 잘 들어라. 지금 주군(이에미쓰)께 감사할
> 일은 털끝만큼도 없다. 너희들도 틀림없이 그럴 것이
> 다. 왜냐하면 타국 사람을 거리낌 없이 가까이에 두시
> 거나, 후다이도 뭣도 아닌 자를 후다이라 하시며 기탄
> 없이 가까이에 두시고 너희들처럼 9대까지 모셨던 후
> 다이를 신참자라 하시니, 두립³³⁾서 말 닷 되 한 섬俵의
> 삼년미三年米를 이백 섬, 삼백 섬씩 모두에게 하사하셨다
> 해도, 어찌 황송하게 생각할 수 있겠는가! 그렇다 한들 2
> 백 섬, 3백 섬을 부족하다 생각하지 말고 봉공을 잘해야
> 한다. 짚신御金剛을 고치라셔도, 겨우 이백 섬뿐이라는
> 서운함은 넣어 두어라. 두 섬조차 못 받고 신발지기가
> 되더라도 말고삐를 잡을지언정 가문을 나와 다른 주군을
> 섬길 수는 없다. 지금이야말로 우리 선조가 세운 공은
> 잊어버리되 노부미쓰³⁴⁾님으로부터 상국님相國樣(이에야
> 스)까지 대대로의 정은 잊지 말 것이다. 그저 지금의
> 슬픈 사정을 노부미쓰님으로부터 대대로 상국님까지의
> 봉공을 생각하여 어찌 되었든 섬겨라.

그의 관념에서는 이에야스까지의 마쓰다이라씨松平氏(도쿠

완성, 1626년 보정되었다. 일본어로는 '미카와 모노가타리'라고 읽는다.
미카와는 지금의 아이치현(愛地縣) 동부에 있던 옛 국명이다.
33) 두립(斗立)이란 에도시대 연공미를 공납하는 실제량을 뜻한다. 한 섬을
3말 5되로 하고 여기에 일종의 부가세인 연미(延米) 2되를 더하여 3말
7되를 납부하였다.
34) 마쓰다이라 노부미쓰(松平信光, ?~1488)는 마쓰다이라씨의 3대 당주로
미카와의 3분의 1을 평정하여 마쓰다이라씨 발전의 기반을 쌓은 인물이
다. 도쿠가와 이에야스는 마쓰다이라씨 9대 당주로 미카와를 통일한 뒤
도쿠가와씨로 바꾸었다.

가와)와 미카와 무사는 대대로 자비·애정·무용으로 직접 이어진 주종이었다. 그런 사적 주종의 결합이 3대 쇼군의 시대가 되면 공적인 군신 관계로 변화하였다. 히코자에몬으로서는 이에미쓰에게 애정을 느끼고 싶어도 느낄만한 조건 자체가 사라져버린 것이리라. 만약 주군이 짚신을 고치라는 말 한마디라도 직접 해 준다면, 그것이 맨 밑바닥 신분의 일일지라도 지금처럼 주군과 멀리 떨어져 봉록을 받는 처지보다 훨씬 낫다고 생각하는 것이다.

사적 관계에서 공적 관계로의 전환은 쇼군가와 도쿠가와씨 일문 사이에도 나타난다. 에치젠[35] 마쓰다이라가는 2대 쇼군 히데타다의 형 히데야스秀康의 집안이다. 이에야스는 어째서인지 히데야스가 아니라 동생인 히데타다를 후계자로 삼았다. 그러나 역시 히데야스 1대(1607년 사망)는 '제외制外의 가문' 즉 쇼군 권력 밖에 있는 집안으로 일컬어졌다. 예를 들면 에도 출부出府도 내키는 대로 하여, 일반 다이묘처럼 에도에 저택도 받지 않고 에도에 가면 성 현관까지 가마를 타고 가거나 니노마루二の丸에 묵는 행동을 하였다. 요컨대 히데야스는 어디까지나 쇼군가의 형제이지 신하로서 따르는 것은 아니라는 태도로 일관했던 것이다.

그러나 그런 태도는 다음의 다다나오忠直 대에는 통하지 않았다. 다다나오는 자신이 쇼군가의 형님 집안이라는 사실에 강한 자부심을 가지고 있었는데 막부가 그렇게 대접을 하지 않

─────────────────────
35) 에치젠(越前)은 지금의 후쿠이현(福井縣) 동부에 있던 옛 국명이다.

았던 것이 심히 불만이었다. 특히 이에야스가 죽고 나서 한참 끄트머리인 9남 요시나오義直(오와리)·10남 요리노부賴宣(기이)가 모두 자신보다 높은 관위를 수여받은 탓에 그의 불만은 폭발하였다.

그는 연일 밤마다 주색에 빠져 살면서 가신의 언동이 조금이라도 거슬리면 그 자리에서 바로 베어버리며 폭군처럼 제멋대로 행동했다. 또 참근을 게을리하거나 돌연 귀국해버리는 등 막부 권위를 무시하는 태도도 날이 갈수록 심해졌다.

그래서 히데타다는 1623년 마침내 다다나오에게 은거를 명하고 분고 하기와라萩原로 유형에 처했다. 기쿠치 간菊池寛의 소설『다다나오경 행장기忠直卿行状記』에서 다다나오는 인간의 진실한 정을 느낄 기회를 얻지 못하고, 가신은 권력자에 대한 절대복종 정신으로 인정을 억누르며 거짓된 태도로 다다나오를 대한 사실이 그를 화나게 하여 난폭한 행동을 격화시켰다고 묘사된다. 이것을 역사학의 입장에서 해석하면, 모든 인간관계가 상하·주종이란 종적인 관계로 고정되는 시대의 추세에 다다나오가 적응을 하지 못하고 쇼군과의 일족 의식을 버리지 못한 것이 다다나오가 비극에 처한 주된 원인이라 하겠다.

이보다 앞서 이에야스의 6남 마쓰다이라 다다테루松平忠輝가 처벌되었다. 다다테루의 경우 1615년 오사카 여름 전투[36]에

---

36) 오사카 여름 전투는 1615년 도쿠가와 이에야스가 도요토미씨를 멸족시킨 전투이다. 일본어로는 '오사카 나쓰노진(夏の陣)'이라고 읽는다.

참가하기 위해 에치고에서 상경하는 도중, 오우미[37] 모리야마
守山에서 쇼군의 하타모토 3인이 말을 탄 채 다다테루의 행렬
앞을 가로질러가려고 하자 가신을 시켜 베어버렸다. 쇼군의
동생에게 무례하였다는 것이다. 이 소식을 들은 이에야스는
다다테루가 일개 다이묘로서 쇼군의 하타모토를 죽인 것은 공
의의 존엄성을 해친 것이라 하여 그를 조슈[38]의 후지오카藤岡에
칩거시켰다. 게다가 히데타다는 이에야스가 죽고 얼마 지나지
않은 1616년 7월 다다테루의 영지를 몰수하고 이세 아사마朝熊
로 유배 보냈다.

　도쿠가와 일문에서 다다테루·다다나오보다 비참했던 인물
은 3대 쇼군 이에미쓰의 동생 다다나가忠長이다. 이에미쓰가
다케치요竹千代로, 다다나가가 구니마쓰國松로 불렸던 어린 시
절에 모친인 히데타다 부인이 구니마쓰를 편애하여 장래 구니
마쓰가 3대 쇼군이라는 풍문이 돌던 것도 뒷날 이들 형제 관계
에 영향을 주었는지도 모른다. 다다나가는 성장하여 스루가·
도토우미·가이[39] 55만 석에 봉해져서 스루가 대납언大納言이라
불렸다. 그러나 그는 그 지위에 만족하지 못하고 오사카 성주
자리를 원하거나 백만 석으로 석고 인상을 바라거나 해서 막

---

37) 오우미(近江)는 옛 국명으로 지금의 시가현(滋賀縣) 지역이며 고슈(江
　州)라 칭하기도 하였다.
38) 조슈(上州)는 지금의 군마현(群馬縣) 지역에 있던 옛 고즈케국(上野
　國)의 별칭이다.
39) 스루가(駿河), 도토우미(遠江)는 옛 국명으로 지금의 시즈오카현의 중
　앙부와 남부에 있었으며, 가이(甲斐)는 지금의 야마나시현(山梨縣)에
　있던 옛 국명으로 고슈(甲州)라고도 하였다.

부는 점점 더 주시하게 되었다. 그리하여 마침내 1631년 부친 히데타다는 그를 고슈^{甲州} 연금에 처했다. 다음 해 히데타다가 사망하자 이에미쓰는 다다나가의 영지를 몰수하고 다카자키^{高崎}로 이주시켰고 1633년 12월에 자결을 명하였다.

　이렇게 형제·친족 뿐 아니라 가장·종가에 대해서도 공적 군신 관계를 관철시킨다는 큰 방침은 막부뿐 아니라 다이묘들 가문에서도 나타나, '가문누르기^{御一門払い}'라는 말처럼 유력한 일족을 억압하여 주종 관계를 확립하려는 사건이 여기저기서 눈에 띈다. 가부키 '선대추'⁴⁰⁾로 유명한 다테^{伊達} 소동에도 이러한 시대의 움직임이 보인다. 극에서는 당사자의 한쪽인 다테 아키무네시게^{伊達安藝宗重}가 선인·충신이고 상대편인 다테 효부무네카쓰^{伊達兵部宗勝}와 하라다 가이무네스케^{原田甲斐宗輔}는 불충한 악인이라고 정평이 났는데 시대의 흐름에 맞춰 생각하면 충신 다테 아키 쪽은 전통 보수파, 악인 하라다 가이 쪽은 혁신파라 하겠다.

　센다이 다테 가문 두 파의 항쟁은 마침내 1671년 다테 아키의 소송으로 막부의 법정에 서게 되었다. 아키는 하라다 가이 측의 악업 중 하나로 최근 10년 정도 지교^{知行} 백 관문^{貫文} 이상의 고위 신분으로 처벌된 자가 예닐곱이며 그밖에 저명한

---

40) 선대추(先代萩)는 가부키 각본인 '가라선대추(伽羅先代萩)'의 약칭으로 일본어로는 '센다이하기'라고 읽는다. 센다이(仙臺) 번주 가문에서 벌어진 내분을 가마쿠라 시대로 각색한 시대물로 1777년 초연되었다. 당시에는 다이묘 가문을 대중극의 소재로 삼는 것은 금지되었기 때문에 발음이 유사한 단어를 빗대어 사용하였다. '하기'는 싸리나무를 뜻하는데 센다이의 명산이다.

후다이면서 처벌된 무사는 들은 것만도 백 명이 넘는 사실을 지적하였다. 이것은 앞에서 서술한 '가문누르기'에 해당된다. 요컨대 다테 일족이나 중세 이래 유력 호족의 연합 체제를 근세적 체제로 전환하기 위해 번 권력이 일문·중신을 압박했던 것에 다테 아키가 반발한 것이다. 저명한 후다이의 몰락에 대한 다테 아키의 분노는 오쿠보 히코자에몬의 감정과도 공통된다.

또한 다테 아키를 대노하게 했던 문제로 다테 시키부무네토모伊達式部宗倫와의 영지 경계론境界論이 있다. 아키는 이것을 당사자 사이의 협의로 해결하려고 했다. 그런데 번 권력이 개입한 결과 아키에게 불리한 판결이 나왔다. 아키는 다테의 가신이라고 해도 영주로서는 종가에 대해 자립성을 유지하려는 중세적 관념에 서있었다. 그런 까닭에 판결뿐 아니라 영지 문제에 번 권력의 개입 자체가 부당했던 것이다.

덧붙여 막부의 재판에서는 보수파가 승리하였다. 이것은 다름아닌 센다이번이었기에 여전히 중세 구제도와 근세의 싸움이 이어졌던 것인데, 17세기 후반이 되면 이미 전국적으로 근세적 질서가 확립되고 오히려 변질의 조짐이 보이기 시작하는 무렵이어서, 당국자가 번내 분규 확대를 피하는 방침을 취하였기 때문일 것이다.

형제·일족이라 하더라도 군신 관계에 편입되어 완성된 근세의 질서는 신분제 질서였다. 신분이라 하면 통례로 사농공상의 네 신분을 말한다. 그러나 이것은 유학자들이 주창한 구분이고 사실상 무사·백성百姓·조닌의 세 신분이다. 근세 초두의 검지檢地·도수刀狩 혹은 조카마치城下町 건설 등의 정책으로 병농분리·상농분리가 행해졌고 각 신분이 성립하였다. 그러면서 신분 내에서도 점차 세세한 상하 계층 질서가 형성되었다. 훗날 후쿠자와 유키치[41]는 "문벌제도는 부모의 원수"라고 분개하였다. 특히 무사 신분의 계층 질서는 엄밀하였다. 근세 3백년 동안 각 신분 내부의 계층 관계는 성쇠도 있었지만 여하튼 쇼군을 정점으로 하는 상하 계층 질서가 말단까지 관철되었고 원칙적으로 세습되었다. 에도 막부 정권이 장기간 존속할 수 있었던 것도, 또 스스로 탈피하여 메이지 정부로 발전하지 못했던 것도 신분제와 깊게 관련된다.

　신분제 확립은 또한 후세 사람들에게 근세 이전의 역사에 대해 잘못된 허상을 각인시켰다. 즉 근세에 들어 신분이 고정화되었을 뿐 아니라 무사·백성·조닌으로 매우 단순화되었다. 특히 백성이라 하면 오늘날에는 거의 농민과 같은 뜻으로 사용된다. 그러나 백성 신분에 편입된 사람들 중에는 농업 이외의 생업을 가진 사람들도 적지 않았다. 예를 들면 어민이 그 으뜸일 것이다. 근세의 영주 권력은 이를 어민으로 파악하지 않고,

---

41) 후쿠자와 유키치(福澤諭吉, 1834~1901)는 일본의 근대 사상가이자 교육가로 나카쓰번(中津藩) 하급 무사 집안에서 태어났다. 오가타 고안(緒方洪庵)에게 난학을 배웠으며 에도에 양학숙(洋學塾)을 열었다. 막부의 사절을 따라 세 차례 서양을 다녀왔다. 메이지유신 후에는 정부에 출사하지 않고 민간에서 활약하여, 1868년에는 사숙을 게이오대학의 전신인 게이오 의숙(慶應義塾)으로 개칭하였다. 탈아입구·관민조화를 주창하였으며『학문의 권장(學問のすすめ)』,『문명론의 개략(文明論之槪略)』,『서양사정(西洋事情)』,『탈아론(脫亞論)』등 다양한 저술을 남겼다.

근소하게 경작하는 해변의 논밭에 기초하는 백성＝농민으로 파악했던 것이다. 마찬가지로 무라村의 대장장이나 주물공, 사냥꾼, 나무꾼 등 모두가 백성이었다. 일본에는 예부터 산민山民·해민海民 혹은 천민川民 등 단순한 농민이 아닌 사람들이 많았다고 한다.

그런데 근세가 되면 그들이 백성이라는 신분으로 단일화되었다. 오늘날 우리들이 중세 사회를 볼 때 근세에 성립한 신분제라는 이른바 시대의 대형 스크린을 통해 바라보게 되므로 중세 사회의 복잡한 양상이 사라지고 단순화된 양상을 보게 되는 것이다.

이와 관련하여 종교계에도 비슷한 지적을 할 수 있다. 근세에 들어 종파 교단이 확정되고 본사 말사의 관계가 확립했다. 오늘날에는 하나의 절은 하나의 종파에 속하고 또 그 절의 승려는 그 종파의 승려라는 것이 상식이다. 그러나 중세에는 그런 것이 원칙으로 성립하지는 않았다. 예를 들면 교토 이마쿠마노今熊野의 천용사泉涌寺는 근세가 되면 진언종의 본산이었지만, 1218년 사원을 창건한 슌조俊芿(1166~1227)는 송나라로 건너가 율律과 천태를 수양한 승려였다. 그렇게 해서 이곳은 율·천태·진언·선 4종 겸학의 도량이었다. 이런 사원이 중세에는 드물지 않았다. 선종 사원에서 정토종이나 시종時宗의 정토교계의 승려가 수행하는 것도 드문 일은 아니었다.

이에야스의 종교 고문과 같은 존재였던 남선사南禪寺의 곤치인 스덴(1569~1633)의 일기 『본광국사일기本光國師日記』 1616

년 10월 15일조에 다음과 같은 기사가 있다. 이날 고야산 보성원寶性院 모씨와 무량수원無量壽院 조카이長海가 연명으로 스덴과 교토쇼시다이[42] 이타쿠라 가쓰시게板倉勝重에게 보낸 서장을 가지고 이즈미국[43]의 우롱사牛瀧寺 주지가 진정하러 왔다. 이에 따르면 우롱사는 개산 이래 무량수원의 말사였음에도 난코보南光坊天海가 쇼군의 명령이라며 천태종의 승려를 데려와 주지로 삼자 승려들이 성가시게 되었다. 이뿐 아니라 요즈음 덴카이는 쇼군의 이름을 빌려 각국의 진언종 사원에서 얼마간 지교知行가 있는 사원을 빼앗아 천태종에 두려고 하니 아무쪼록 상세한 사정을 조사하길 바란다는 호소이다.

덴카이는 천태종 발전과 자기 세력 확장에 이상하리만치 집념을 불태운 승려였기에 이런 일도 있었겠다 싶지만, 그런 덴카이라 해도 근세 이래처럼 정연하게 사원의 본말제도가 확립하고 나면 천태종으로 빼앗아 오기는 불가능했을 것이다. 중세의 사원은 종파가 뒤섞여 있었기 때문에 인연을 찾아 쇼군의 신임을 배경으로 막무가내로 천태말사에 편입시킬 여지가 있었다. 본말 제도는 말하자면 사원의 신분 제도로 그것이 확립된 이후의 모습에서 중세의 양상을 유추하면 상당한 오해가 발생한다. 이렇게 도쿠가와 3백 년을 지나는 동안 점점 중세의 실상은 역사 속에서 희석되었다.

---

42) 교토쇼시다이(京都所代)는 에도 막부의 직명으로 교토에 근무하면서 조정과 공가에 관한 일을 관장하고 교토·후시미·나라의 마치부교를 감독하였다. 후다이 다이묘가 임명되었다.
43) 이즈미국(和泉國)은 지금의 오사카부 남부에 있던 옛 국명이다.

2.5 다테 사회를 향한 저항의 좌절

인간관계에서 종적 연결이 강하다는 것은 일본 사회 구조의 한 특색으로 언급된다.[44] 신분제는 그야말로 인간을 상하존비, 종의 계열에 위치시키는 제도였다. 무엇보다 일본 사회의 특색을 명료하게 표현하고 있다고 하겠다. 그러나 그것이 일본 역사상 항상 관철된 것은 아니다. 횡적 인간관계가 사회적으로 의미를 가졌던 때도 있었다.

아라이 하쿠세키의 자서전 『오리타쿠시바노키』에 다음과 같은 이야기가 실려 있다. 하쿠세키가 18세였던 1674년의 일이다. 당시 하쿠세키는 가즈사[45] 구루리久留里의 쓰치야 도시나오土屋利直를 모시고 있었는데 11월에 뜻밖의 일로 그는 근신 처분을 받고 자택에 들어앉았다. 그즈음 쓰치야 집안은 머지않아 내분으로 단절될 조짐이었는지 나이 어린 무사의 논쟁이 발단이 되어 두 파로 갈라져 대립하여 12월 초순에는 무력 충돌이 벌어지려고 했다. 하쿠세키는 한쪽 편의 사람들과 친밀해서 꼼꼼한 가신을 진영에 보내두고 만약에 싸움이 시작되면 급히 알리라고 명했다. 그러나 두 파가 화해하여 우려했던 사태는 벌어지지 않았다.

---

44) 다테는 세로란 뜻의 일본어로 다테 사회란 인간관계에서 상하 서열이 중시되는 사회를 뜻한다. 사회인류학자인 나카네 지에(中根千枝)의 『다테 사회의 인간관계(縦社會の人間關係)』(1967)에서 일본의 사회 구조가 갖는 특징으로 일컬어지면서 일반화되었다. 한국어판 제목은 『일본 사회의 인간관계』(양현혜 역, 소화, 2013).
45) 가즈사(上總)는 지금의 지바현 중앙부에 있던 옛 국명이다.

　다음 날 친구가 와서 하쿠세키의 뜻에 고마워하면서도 "칩거 처분을 받은 사람이 제멋대로 외출하는 것은 바람직하지 않다"고 말했다. 하쿠세키는 "친한 사람들이 죽거나 다칠지도 모르는 사태에 나 혼자 집에 있으면 '공의公儀에 사정을 보고하고 다행히 죽음을 피할 수 있었겠지', 즉 공의(이 경우 번 권력)의 근신 명령을 다행스럽게 여기며 목숨이 아까워 친구를 모른 척했다는 비난을 받을 것이다. 어찌 됐든 주가主家의 중신을 살해하고자 했던 것이니 주인의 책망도 거리낄 필요는 없다"고 답하였다. 그 친구가 집에 돌아와서 하쿠세키 부친의 친구이기도 한 자신의 부친에게 이야기하자 "과연 아라이 마사나리新井正濟의 자식이구나"라며 눈물을 흘리면서 기뻐했다고 한다.

　하쿠세키의 부친 마사나리에게도 같은 일화가 있다. 마사나리는 1631년 쓰치야 도시나오 밑에서 일하였는데 그로부터 얼마 지나지 않은 때의 일인 것 같다. 야습 혐의로 붙잡혀 온 가치자무라이[46] 셋을 마사나리가 감시하게 되었다. 마사나리는 그들의 칼을 돌려주면서 자기는 무기가 없으니 만약에 도망가려면 자기 목을 치고 가라고 일렀다. 며칠 동안 그들과 함께 기거하였는데 그들의 무혐의는 얼마 지나지 않아 밝혀졌다. 그들은 마사나리의 정에 깊이 감사하면서 물러났다고 한다.

　근신 처지였음에도 굳이 싸움에 끼어들려 한 하쿠세키나, 감시하란 명령에도 불구하고 용의자에게 무기를 돌려주고 스

---

46) 가치자무라이(徒侍)란 주군이 외출시 도보로 경호를 수행하는 하급 무사를 뜻하며 '가치슈(徒衆)' 또는 '가치'라고도 하였다.

스로 무장을 해제한 마사나리의 행위는 공의의 입장에서는 바람직하지 않은 것이다. 그러나 그들은 감히 공의를 무시했다. 그들의 행위는 사사로운 정에 근거한 것인데 같은 집안에서 봉공중인 무사라는 횡적 연대 의식이 느껴진다. 두 사람의 행위는 그야말로 '무사는 동병상련'이란 말을 표현하고 있다. 이 경우는 무사라고 해도 사회의 지배 계급이라는 입장에서가 아니라, 공의의 지배 즉 종적인 종속 환경에 놓인 사람들끼리의 횡적 연대 의식이다. 다만 그런 의식이 세월이 지날수록 희박해졌기 때문에 하쿠세키의 행위가 일부 사람들에게는 눈물로 기뻐할 일이었을 것이다.

지카마쓰 몬자에몬의[47] 『심중천망도心中天網島』에 "여자는 동병상련"이란 문구가 있다. 오사카 덴마天滿에 사는 가미야 지혜에紙屋治兵衛의 아내 오상은 남편이 소네자키신치曾根崎新地에 있는 기노쿠니야紀伊國屋의 유녀 고하루小春와 깊은 사이로 동반자살할 위험이 있었기에 "너무나도 슬픕니다. 여자는 동병상련인지라, 끊을 수 없는 부분을 단념하고 남편의 목숨을 애원합니다"라고 호소하는 편지를 고하루에게 보냈다. 고하루도 오상의 정에 감동하여 "이 몸의 목숨과도 바꿀 수 없는 소중한 분이지만 무르려야 무를 수 없는 의리를 생각하여 단념합니다"라고 답을 한다. 지혜에의 형 마고에몬孫右衛門에게 거짓으로 마음을 전하고 지혜에와 주고받은 서약문을 돌려주고 만다.

오상과 고하루, 사회적 약자의 처지인 두 여성의 연대 의식으로 사태 해결의 계기가 만들어진 것인데 이것을 여성이 자주적 능력을 획득하는 싹, 요컨대 근대성의 전조라고 보는 시각도 있다. 그러나 오히려 시대를 거슬러 중세에는 여성이 사회적·경제적으로 보다 자유롭게 광범위하게 활약할 수 있는 장이 존재했다고 여겨진다.

그렇게 전제하고 보면 근세 사회 질서의 확립과 함께 여성의 사회적 입장은 위축되어 종속적 지위에 놓이게 되며 그런 가운데 겨우 이런 연대 의식이 보전되었다는 해석도 성립한다. 앞서 서술한 무사의 경우도 마찬가지로 '동병상련'이란 의식은 근세 사회를 관철하는 공적인 종적 질서가 확립되는 가운데 자잘하게 존재했다고 생각한다.

근세 초두에 '가부키모노'라는 패거리가 횡행했다. 일본 고전 연극의 대표인 가부키는 노래歌와 춤舞과 연기伎(배우 혹은 유녀), 바꿔 말하면 샤미센 음악과 무용과 연기 3요소를 세 글자로 딱 맞게 표현하고 있지만 사실 한자의 뜻과는 상관없이 음만 차용한 것이다. 근세 초기에 '가부쿠傾く'라는 말이 있었는데 여기서 '가부키 춤'이 되었다. '가부쿠'란 상식의 틀을 벗어난 자유분방한 행동을 한다는 뜻이다. '가부키 춤'의 창시자인 이즈모의 오쿠니의 춤이 사람들의 상식을 깨뜨린 새로운 것이라서 붙여진 이름이라 한다.

'가부키모노'도 마찬가지로 상식에서 벗어난 풍속·행동 때
문에 이름이 붙여진 것으로 현대에도 태양족[48]이라든지 히피
등이 유행했던 것과 비슷하다. 1615년 5월 막부 단속령의 대상
이 된 사항에서 그들의 풍속을 추출해 보자. 머리카락을 뒤로
빗어 넘겨 이마를 넓게 하고 턱수염을 기르고, 길고 큰 칼과 긴
요도腰刀 두 개를 차고 칼집은 붉었으며 날밑은 크고 각이 졌다.
어떤 패거리는 겨울에는 바탕이 오글쪼글한 감색 비단에 두꺼
운 솜을 넣어 무릎 아래 오는 짧은 길이로 만든 옷을 입었는데
옷자락에는 납을 넣어 펄럭거리지 않게 하였다. 당시 새롭게
유행한 수입 연초를 긴 담뱃대로 피웠다. 이것은 마치 요즘에
마리화나나 대마초를 피우는 것과 비슷하다. 그들은 무리 지어
시가지를 활보하면서 종종 다른 집단과 싸움을 벌였다. 그러나
내부 결속은 단단해서 도움을 청하는 자가 있으면 이것저것 재
지 않고 제 식구를 비호하였다. 남색男色은 전국 시대부터 근세
초기에 유행한 습속이었는데 '가부키모노' 사이에서는 동지적
결합의 맹약이기도 했다.

'가부키모노'의 주된 계층은 와카도若党·나카마中間·쇼샤少
者라 불리는 하급 무가 봉공인과 낭인이었다. 그들은 중세 말·
근세 초 농촌 출신으로 추정된다. 병농분리가 진행되는 가운
데 무사도 되지 못하고 백성으로도 정착하지 못한 사람들이
농촌에서 내몰려 도시로 모여들어 생활 수단으로 무가 봉공을

---

48) 태양족은 1955년에 발표된 이시하라 신타로(石原愼太郎)의 소설『태양
  의 계절(太陽の季節)』에서 비롯된 말로, 기존의 질서에 구애되지 않고
  행동하는 전후 세대의 청년들을 일컫는다.

한다. 그렇게 새로운 신분 사회가 형성되는 움직임에 패거리를
조직하여 저항하면서 퇴폐적인 길을 걸은 양상이라 하겠다.

막부는 이들을 강하게 탄압했다. 비정상적인 풍속에 대한
것이기도 했지만 본질적으로는 그들 집단의 사고와 행동 때문
이었다.

1612년 6월 막부의 하타모토로 오반구미가시라[49]인 시바
야마 곤자에몬 마사쓰구芝山權左衛門正次가 고쇼[50]를 베어 죽인
일이 있었다. 그런데 그 동료가 뛰어와서 주인인 마사쓰구를
죽이고 도주하였다. 막부 당국은 에도 시중을 수배하여 이시
이 이스케石井猪助라는 자를 체포하여 신문하는데 그가 이른바
'가부키모노'였으며 패거리가 다수임을 자백하였다. 시바야
마는 자기의 봉공인 중에 '가부키모노'가 있다는 사실을 알고
당국에 적발되기 전에 판명된 한 명을 죽인 것 같다. 그런데
그것이 부당하다며 같은 봉공인 중의 한패에게 복수를 당하고
만 것이다.

이 자백으로 막부는 수령인 오토리이 잇페이大鳥居逸平를 비
롯한 70여 명을 체포하였는데 그의 수하는 전국에서 3천 명에
이르렀다고 한다. 그들은 평소 패거리 중 누군가 위급한 상

---

49) 오반구미(大番組)는 하타모토로 편성된 에도 막부의 군사 조직으로
로주(老中)에 배속된다. 행군이나 야영 때는 쇼군 본진의 전후좌우를
수비하고, 평시에는 에도성 외 오사카성, 니조성 등을 교대로 경위한다.
번사 50명을 1조로 한다. 오반구미가시라(大番組頭)는 그 우두머리.
50) 고쇼(小性)는 무가의 직명으로 주군의 측근에서 시중을 드는 무사를
뜻한다.

황에 처하면 목숨을 아끼지 않고 힘을 합쳐 구해내며, 상대가 주군일지라도 불합리한 행위가 발생하면 보복할 것을 굳게 맹약한다. 오토리이 잇페이를 수령으로 떠받든다고는 해도 그런 맹약은 사회의 횡적 단결이며, 부친에게 의절을 당한 자를 같은 패로 보호하는 등, 주종·부자라는 종적 관계에 기초하는 사회 질서에 대항하는 행위였다. 막부 당국이 이를 가차 없이 탄압한 이유도 바로 거기에 있다고 여겨진다. 이것은 앞에서 서술한 아라이 하쿠세키가 주군의 근신 명령을 어기고 동료들의 투쟁에 함께하려던 정신과 공통되는 부분이 있다.

'가부키모노'는 앞에서 서술했듯이 하급의 무사 봉공인을 중핵으로 했는데 근세 초기에는 상당히 확산되었다. 풍속적으로 보면 오다 노부나가의 젊은 시절이 선구라고 할 만하다. 3대 쇼군 이에미쓰도 유행하는 풍속을 좋아하여 소매에 솜을 넣고 깃고대를 뒤로 당겨 목의 뒷덜미가 보이도록 내려 입거나 해서 강직한 수역守役이던 아오야마 다다히데青山忠俊에게 크게 질책을 받았다는 일화가 있다. 미토 고몬水戸光圀도 젊었을 때는 멋을 부리려고 무명 기모노를 염색시키고 벨벳 옷깃을 달아 '가부키모노'를 방불케 했다고 한다.

공가 중에도 무뢰한 젊은이를 모아 시중들게 한 양상이 1613년의 '공가중법도公家衆法度'에 엿보인다. 또 스덴의 『본광국사일기』에는 같은 무렵 교토의 상선사上善寺라는 절에서 제자가 밤낮으로 동네 사람들과 싸돌아다니며 밤늦도록 속세 친구들을 데리고 문에 걸린 자물쇠를 부수고 절에 들어와서 내쫓으려

해도 나가지 않는다고 절의 주지가 하소연을 하는 이야기가 있다. 이것은 승려 '가부키모노'라 할 것이다.

그러나 17세기 후반 근세 사회가 확립되면 '가부키모노'도 점차 특정 집단으로 한정된다. 그래서 출현한 것이 하타모토얏코旗本奴와 마치얏코町奴이다. 얏코란 무가의 하급 봉공인인데, 집안 대대로 어릴 때부터 평생 일하는 후다이 봉공인이 금지되었으므로, 연계年季 봉공인이 되거나 또 연계도 짧아져서 기간이 1년 또는 반년처럼 이른바 일계一季, 반계半季로 교체되는 봉공인으로 바뀌게 되었다.

농촌에서 도시로 흘러 들어온 사람들은 친척·지인의 신원보증인이 없는 경우 히토야도人宿나 구치이레口入라 불리는 중개업자에게 기대어 일할 곳을 찾았다. 그들은 데이슈出居衆·요리코寄子 등으로 불렀다. 이 사회에 '가부키모노'의 풍속이 계승되었다. 히토야도의 주인이 두목이고 데이슈가 부하가 되어 마치얏코 패거리가 결성되었다. 마치얏코의 대표라 할 만한 반즈인 조베에幡随院長兵衛는 구치이레의 주인이었다고 추정된다.

이에 대하여 하타모토얏코는 1664년 할복한 미즈노 주로자에몬水野十郎左衛門으로 대표된다. 그는 빈고[51] 후쿠야마福山 10만 석의 미즈노 가쓰나리水野勝成의 손자이자, 부친도 3천 석으로 쇼군 이에미쓰의 고쇼小姓로 일한 하타모토의 명문으

---

51) 빈고(備後)는 지금의 히로시마현 동부 지역에 있던 옛 국명이다.

로 예외라 할 수 있다. 하타모토얏코의 주요 구성원은 중하급 하타모토와 가신의 차남, 3남 등 이른바 분가하지 못한 찬밥 신세거나 낭인이었다.

의지할 곳 없는 무사나 봉공인이 집단을 결성하고 싸움이 나 노름으로 동네를 시끄럽게 하였는데 그 무대는 한결같이 신요시와라^{新吉原}같은 유곽에 한정되었다. 또 그들에게는 초기 '가부키모노'가 지녔던 위로부터의 질서 형성에 대하여 횡적 단결에 의한 저항 정신은 사라지고 대신 도시 생활에서 퇴폐성을 짙게 띠었다. 이윽고 5대 쇼군 쓰나요시 때인 1686년 대소신기조^{大小神祇組} 200여 명이 체포되어 11명이 처형되었다. 이것이 '가부키모노'의 최후였다. 그 뒤로는 노름이나 범죄자 집단 등 점차 일반 사회에서 격절된 세계에서나 흔적이 남게 되었다.

2.6 행정 관료의 역할

공의 즉 새로운 국가 기구 성립과 밀접하게 관련된 것이 행정 관료 조직의 정비이다. 오쿠보 히코자에몬이나 홋타 마사노부 같은 무변자武邊者가 새로운 시대에 젖어들지 못한 것도 그 때문이다. 근세 무사의 처지를 생각해 보면 막신(다이묘·하타모토)은 쇼군에게 받은 영지를 지배하여 봉건 영주가 된다. 그들은 막부 지배 체제의 일부를 형성하며 막부의 전국 통치를 도왔다. 영지가 아니라 막부의 비축미藏米를 급여로 받는다 해도 봉건적 공조貢租를 나누어 받은 것이므로 봉건 영주의 처지가 되는 것이다. 이것은 다이묘의 가신도 마찬가지이다.

그러나 후다이譜代 다이묘와 하타모토 중에 어떤 이는 막부의 직할령 행정과 쇼군의 통치 행위를 담당하였다. 이는 관료적 직무이다.

예를 들면 막부 지배 체제에 있으면서 군사 경비 역할을 담당하는 데는 두 종류가 있다. 하나는 군역 부담이다. 앞에서 서술했듯이 다이묘·하타모토는 정비례하지는 않지만 각각 급여된 봉록의 석고에 대응되는 군비 부담 의무가 있다. 이것은 봉건 영주의 임무이다. 한편 막부의 직책에 오반大番·쇼인반書院番 등 번사番士라는 경비직이 있다. 그들은 에도성이나 니조·오사카, 기타 성의 경비와 쇼군 외출시 경호를 담당한다. 군무의 일종이라 할 수 있겠지만 그것은 봉건 영주의 군역은 아니다. 군역의 경우 병력은 영주 부담이지만 번사에 부속하는 병력 즉 요리키與力·도신同心은 신분은 낮아도 번사와 같은 막신이다. 번사의 직무는 관료적 직무라고 해야 할 것이다.

무가 정권이기에 전통적으로 무관이라 할 만한 번사의 지위는 존중되었지만 실질적인 역할에서는 행정직 쪽이 점차 중요해졌다. 도쿠가와(마쓰다이라) 씨의 경우 1565년 오카자키岡崎 성하에 고리키 기요나가高力淸長·혼다 시게쓰구本多重次·아마노 야스카게天野康景를 부교로 두고 민정을 담당하게 했다. 이를 오카자키의 3부교라 한다. 전국 시대 말기에는 이미 영지내 행정 기관이 설치되었다고 알려졌는데 근세에 들어서 정비가 진전되었다. 도요토미 정권에서는 1585년 5부교 제도를 두어 마에다 겐이前田玄以는 교토쇼시다이, 나쓰카 마사이에長束正家는 지교知行·재무, 아사노 나가마사淺野長政·이시다 미쓰나리石田三成·마시타 나가모리增田長盛는 서정庶政을 담당하고 큰일은 다섯 명이 협의하여 집행하기로 정해졌다.

도쿠가와씨도 1590년의 간토 입국 즉 도요토미 히데요시에 의해 도카이東海의 여러 나라에서 간토로 이동된 후 관료 조직이 점점 정비되었다. 그에 반비례하여 미카와를 떠난 이후 무장의 존재는 점점 작아졌다. 오쿠보 히코자에몬의 『미카와 이야기』 속 울분도 거기에 있었다. 더군다나 간토로 옮기고 나서 두각을 나타낸 것은 혼다 마사노부本多正信(1538~1616)였다. 마사노부는 혼다 성을 가졌지만 후다이 중신이 아니다. 젊은 시절에는 매를 부리던 응장鷹匠이었다고 한다. 그는 열렬한 일향종一向宗

신자였는데 1563년 미카와 잇코잇키[52] 때에는 이에야스에게
활을 겨누었다. 잇키 진압 후에는 교토를 거쳐 가가加賀로 달아
났다. 그 후 이에야스에게 돌아가 이윽고 이에야스의 측근으로
절대적인 신임을 얻었다.

　마사노부는 전장의 무공은 없었지만 영지 운영에 큰 수완
을 발휘하여 간토의 총부교總奉行로서 다이칸代官의 영민 통치를
지휘하고 에도 시내 건설을 감독하였다. 이에야스의 신임은
더더욱 두터워졌는데 역전歷戰의 무공을 쌓은 이들에게 그런
것이 바람직할 리가 없었다. 이에야스 사천왕의 하나로 불린
사카키바라 야스마사榊原康政는 평소 마사노부를 "주판알만 튕
길 줄 아는 뱃속까지 썩은 놈"이라 매도하였는데 1606년 병이
위중해져 이에야스가 보낸 위문 사자를 보고도 이불 속에서
나올 생각도 하지 않고, "야스마사는 창자가 썩어서 죽는다고
전하라"고 했다 한다. 같은 사천왕인 혼다 다다카쓰本多忠勝도
1610년 중병에 걸렸을 때 이에야스가 보낸 위문 사자를 향해
"허리가 풀려 못 일어나겠소"라고 말했다고 전한다. 이것은
다다카쓰가 마사노부를 "허리풀린 사도佐渡 겁쟁이"라 경멸했
기 때문에 나온 말이라 한다.[53] 왕년의 용장들도 기껏해야 이

---

52) 잇코잇키(一向一揆)란 무로마치 말기 에치젠·가가·미카와·긴키 등지
　　에서 일어난 종교 봉기로 일향종 승려와 신도들이 다이묘 지배에 맞서
　　싸웠다. 미카와국의 잇코잇키는 미카와의 본원사 신도들이 1563년 일
　　어나 도쿠가와 이에야스와 싸웠던 봉기를 가리킨다.
53) 원문에는 '사도의 고시누케(腰抜け)'라고 쓰고 있다. 혼다 마사노부의
　　관위는 사도노카미(佐渡守)였다. '고시누케'란 허리가 풀려 못 일어난
　　다는 말인데, 무기력하고 겁이 많은 사람을 뜻하기도 한다.

정도 비아냥 외에 달리 울분을 터뜨릴 방도가 없었다.

관료 조직은 2대 쇼군 히데타다 시대를 거쳐 3대 쇼군 이에 미쓰 때인 1634~1635년에 이르러 로주老中·와카도시요리若年寄·각 부교의 제도와 효조쇼[54]의 소송 심리 규칙 등이 성문화되어 전모가 정비되었다. 한 해 전인 1633년에는 군역제 시행과 함께 '공사재허정公事裁許定'이라 하여 주인과 가복, 부자지간, 본사와 말사, 다이칸과 백성 등 신분에 따른 소송의 규칙이 성문화되었다. 또 1635년에는 무가제법도가 크게 개정되어 내용이 거의 완비되었다. 요컨대 이즈음 에도 막부의 지배 체제가 제도적으로 확고해졌다. 관료 조직의 정비는 그 중핵이었다.

체제가 안정기에 들어서기 직전 막번 영주는 위기에 직면했다. 바로 1637년부터 다음 해까지 이어진 시마바라島原의 난이 상징적인데 여기에는 기독교도 농민의 탄압에 맞선 궐기라는 특수한 조건이 더해졌지만 농민 봉기의 조건은 전국 곳곳에서 갖춰졌다. 치안도 악화하고 간토와 고신[55] 지방에서는 도적과 악당류가 횡행하였다.

게이초慶長·겐나元和 단계(1596~1623)에서는 여전히 번의 존재가 매우 불안정했다. 번이 단절되는 위험도 컸고 전국적으로 대규모 이동도 있어서 번제가 정비되는 단계는 아니었다.

---

54) 효조쇼(評定所)란 에도 막부의 최고 재판소이다. 로주와 산부교 등이 오메쓰케·메쓰케의 입회 하 중요한 재판과 평의를 수행하였다.

55) 고신(甲信)은 가이(甲斐)·시나노(信濃) 지역을 아울러 이르는 말로, 지금의 야마나시현과 나가노현 지역이다.

간에이寬永期에 들어서면서 막부와 번의 관계가 안정된다. 이 무렵부터 번은 재정을 비롯하여 영내 지배 체제 정비에 전력을 쏟게 된다.

막부와 번이라는 영주 내부의 관계였던 모순이 해소되고 영주와 농민 사이의 계급적 모순이 겉으로 드러났다. 영주 재정의 확립과 확충에 맞서는 농민의 저항이 격화되었다. 특히 1634년 무렵 전국적으로 심해진 기근은 농민 저항을 조장하였다. 시마바라, 아마쿠사의 난도 기근으로 촉발되었다. 기근은 1642~1643년에 가장 심한 상황이 되었다. 그야말로 막부의 전국 지배 체제가 완성되기 직전의 고난이었다.

이러한 위기 속에서 쇼군 이에미쓰는 병으로 종종 정무에 소홀하기 일쑤였다. 특히 1637년 바로 시마바라, 아마쿠사의 난이 발발한 해는 정월부터 건강이 여느 때만 못하여 정무는커녕 의례에도 나오지 않았다. 6월에는 조정에서 쇼군 쾌유를 비는 기도회가 열렸다. 병세는 다음 해 3월 무렵까지 이어졌다. 그 후도 『도쿠가와 실기德川實記』에는 이에미쓰의 병에 대한 기사가 빈번하게 나온다. 막부는 쇼군 없이 이 중대한 사태를 대처해야만 했다.

이런 위기를 극복한 것이 홋타 마사모리堀田正盛·마쓰다이라 노부쓰나松平信綱·아베 다다아키阿部忠秋 같은 각로閣老를 중심으로 하는 막신들이었다. 각로를 정점으로 하는 행정 조직은 앞에서 서술한 대로 위기 직전에 제도를 거의 정비하여 체제적 위기와 이에미쓰의 와병 동안 확고해졌다. 그렇게 해서 연호가 쇼호正保(1644~1647), 게이안慶安(1648~1651)으로 바뀌는 동안 사태도 진정되고 안정기를 맞이하였다. 1651년 4월 3대 쇼군 이에미쓰가 사망하고 겨우 열한 살이던 이에쓰나가 뒤를 이었을 때도 각로의 협의로 운영하는 정치 체제는 동요하지 않았다.

그것은 막부 상층부에만 유능한 재신들이 모였다는 의미는 아니었다. 이에야스 무렵부터 반세기 이상에 걸쳐 수많은 부교와 다이칸들이 축적한 행정상 경험이 하나의 기술적인 형태를 가지게 되었다. 1649년에 나온 향촌 포고 통상 '게이안의 포고문'이라 불리는 농민 대상의 훈유와 그와 동시에 나온 '검지조령檢地條令'에 잘 드러난다. '게이안의 포고문'은 32개조로 구성되는 장문의 유고諭告이다. 포고문의 기조는 "백성은 분별이 없고 생각이 없는 이들"(제11조)에 보이듯이 우민관이다. "아내가 외모가 좋더라도 남편을 업신여기거나 차를 많이 마시고56) 참배 다니거나 산에 놀러 가는 일이 지나치면 헤어져야 한다"(제14조)처럼 생활에 간섭하는 조문도 있다.

- (제5조) 아침에는 일찍 일어나 풀을 베고 낮에는 논밭을 갈고, 밤에는 새끼를 꼬고 가마니를 엮고, 각자 할 일을 쉼 없이 하라.
- (제7조) 집 주변에는 대나무를 심고 아래쪽에 붙은 나뭇잎을 모아 땔감으로 써 따로 사지 않아도 되게 하라.
- (제8조) 가을에는 잘 생각하여 좋은 종자를 골라 두라.

---

56) 원문에서는 대차(大茶)라 표현하고 있다. 당시로서는 차가 고급품이었기에 차를 많이 마시는 것은 사치스러운 일이었다.

- (제9조) 매년 정월 11일 전에 낫과 괭이 같은 농구를 충분히 손질해 두라.
- (제10조) 비료와 재를 준비해 두는 것이 중요하니 뒷간을 넓게 만들고 비가 새지 않도록 주의하라. 부부 두 식구뿐으로 말馬도 없고 비료도 모아두지 않은 자는 마당 가운데 구멍을 내서 거기에 쓰레기를 모아두고 물을 뿌려 넣어 비료를 만들라.

이처럼 32개조 대부분은 농업 생산에 대한 일상의 마음가짐을 간절하게 타이르고 있다. 나아가 농업 경영 유지를 위해 가능한 곳에서는 보리밭(2모작)을 권장하고(제21조) 또 장사꾼 같은 마음가짐을 가질 것(제17조), 대차 상 이자에 대한 예로 쌀 두 섬을 연리 5할의 복리로 운용하면 10년 후에는 117섬(실제로는 115섬)이 된다고 설명한다(제26조). 농업 경영이나 농민 생활의 실태에 대해 농정 관료가 상당한 경험을 축적하고 풍부한 지식을 가지고 있었던 양상을 읽을 수 있다.

동시에 다이칸들에게 내린 검지조령은 검지가 공정하게 실시되어야 함을 말하고 있다. 그중에는 백성에게 접대를 받거나 사례를 받으면 안 된다거나 누구 역성을 들면 안 되며 여자를 사서는 안 된다는 등 검지 관리의 복무규율에 대한 훈계도 들어 있다. 그러나 당국이 특히 중시하는 것은 농촌의 실태를 정확하게 파악하기 위한 기술 문제였다. 그래서 조령이라고는 해도 법령이라기보다 검지 매뉴얼의 성격이 짙었다.

예를 들면 논밭의 면적을 잴 때 장대를 세워 새끼줄로 가로세로 길이를 재서 계산한다. 새끼줄은 아침과 저녁, 날씨,

바람의 세기에 따라 늘어나거나 줄어드니 주의해야 한다. 특히 논밭의 품위 판정은 쉽지 않다. 강우량에 따라 작황 차이가 큰 토지와 그렇지 않은 습전濕田을 구분해야 한다. 그런 점을 잘 생각하지 않으면 공정한 검지는 불가능하다. 또 북향의 경사진 토지나 남쪽에 숲이 있는 땅은 품위가 떨어진다. 다소 토질이 나쁘더라도 물 대기 좋은 곳은 품위가 올라간다.

이렇게 막부 당국은 검지 관리인에 대한 세세한 부분까지 용의주도한 길라잡이라 할 만한 조령을 건넸다. 아마도 이나 비젠노카미 다다쓰구[57]를 비롯하여 근세 초기에 배출한 유능한 농정가들이 숱한 시행착오를 반복한 결과 얻어낸 기술의 집성이 조령에 표현되었다고 하겠다. 17세기 중엽 막부가 지배 체제를 확립하고 안정시킨 것은 일면 근세에 들어 나타난 행정 관료가 정치상 중핵을 차지하고 조직을 정비하고 기술을 완성시킨 데서 비롯되었다고 봐도 좋을 것이다.

그러나 질서의 안정은 점차 문벌 가격家格을 고정시켰고 나중에 서술하겠지만 체제의 맹점을 찌르는 형태로 전개된 새로운 사회 정세에 대응할 수 없게 되었다. 거기서 영주 측의 재정 궁핍과 정치 기구의 이완 등의 문제가 발생하였다. 이런 사태에 대한 영주 측의 시책에서 막부·제번에 공통된 유형이 있었다. 바로 고정된 계층 관계나 정치 기구의 틀을 깨는 것이다. 의

---

57) 이나 다다쓰구(伊奈忠次 1550~1610)는 에도 초기의 막부 다이칸가시라(代官頭)로 도쿠가와 이에야스를 측근에서 모시던 긴주(近習)였다. 초대 간토군다이(關東郡代)로 임명되어 치수와 신전 개발에 진력하였다.

욕 있는 군주가 주도권을 잡아 중하 사층土層의 유능한 인재를 등용한다. 그리고 새로운 경제 정책을 시행해 재정 건전화를 꾀하는 형태이다. 인재를 발탁하여 관료 조직에 새바람을 불어 넣고 활력을 주어 사회 정세의 변화에 대응하려는 것이다.

성공한 경우는 명군현상名君賢相의 개혁이라 칭송받지만 실패하면 오이에 소동58)이 발생하는 경우가 많다. 연극으로 유명한 가가加賀 소동이 후자의 전형으로, 악역의 대표인 오쓰키 덴조大槻傳藏는 번주 마에다 요시노리前田吉德의 총애를 받아 1716년 10석 3인 부지扶持의 다도를 담당하던 차보즈茶坊主에서 측근으로 발탁되어 1743년에는 3천 8백 석의 중신 지위까지 영전했다. 그 때문에 마에다 가문의 후다이 중신들의 반감을 사서, 번 내 두 파로 나뉘어 대립했는데 이윽고 1744년 요시노리 사후에 권세를 잃고 몰락했다. 이 내분의 결과 요시노리의 전대인 다에다 쓰나노리前田綱紀의 개혁으로 상당히 넉넉하던 번 재정도 완전히 붕괴되어 그 뒤로 다시 회복하지 못했다고 한다.

막부 정치에서 이런 형태가 나타나는 것은 5대 쇼군 쓰나요시 때부터이다. 그는 '이누쿠보犬公方'라고 불리며 옛날부터 평판이 나빴다. 개인의 성격적 결함에서 유래하는 부분도 적지 않을 것이다. 또 그가 등용한 인물 예를 들면 소바요닌

---

58) 오이에(御家) 소동이란 가가(加賀) 소동이나 구로다(黑田) 소동처럼 영주 가문에서 후계자 상속 등을 둘러싼 파벌 싸움에서 발생하는 분쟁을 말한다.

야나기사와 요시야스[59]나 간조부교 오기와라 시게히데[60]가 쓰나요시에 대한 악평을 증폭시키는 역할을 하였다. 그러나 야나기사와 요시야스의 나쁜 이미지도 『일광감탄침日光邯鄲枕』이나 『호국녀태평기護國女太平記』 등 이른바 실록물實錄物에서 후세 야나기사와 소동으로 만들어진 인물상이다. 또 오기하라 시게히데는 정적이던 아라이 하쿠세키가 내린 평가가 후세에 결정적인 영향을 끼쳤다. 시게히데는 분명 청렴한 관리는 아니었고 그의 정책도 성공했다고 평가할 수 없지만 경제 정책에 대해서는 하쿠세키의 영향에서 벗어나 재검토할 필요가 있다.

아라이 하쿠세키는 6대 쇼군 이에노부와 개인적으로 결탁한 존재로 막부에서 관직은 없었으므로 행정 관료라 할 수 없다. 그러나 그 역시 문벌 격식을 깨고 일개 낭인에서 하타모토로 등용된 사람이다. 하쿠세키와 친교를 가지면서 쇼토쿠기正德期(1711~1715)의 정국에 중요한 위치를 차지한 마나베 아키후사間部詮房(1667~1720)는 노能 연기자의 제자였다가 쇼군 이에

---

59) 소바요닌(側用人)은 막부의 직명으로 1681년 쓰나요시가 처음 마련하였다. 소바슈(側衆)를 감독하고 쇼군의 명령을 로주에게 전달하여 로주·와카도시요리의 상신을 쇼군에게 전하고 효조쇼에도 참석하는 후다이 다이묘이다. 격식은 로주에 준하며 권세는 로주를 능가하였다. 막부 초기의 긴주슛토인(近習出頭人)과 같다. 야나기사와 요시야스(柳澤吉保, 1658~1714)는 에도시대 중기의 다이묘로 5대 쇼군 쓰나요시의 소바요닌이었다. 쓰나요시의 실정에 대한 책임을 떠안았으며 쓰나요시 사후에는 은거하였다.

60) 간조부교(勘定奉行)는 막부의 직명으로 로주의 수하에서 막부 직할지의 다이칸·군다이(郡代) 감독과 징세, 금전 출납 등 막부 재정과 영내 농민 행정·소송을 담당한다. 오기와라 시게히데(荻原重秀, 1658~1713)는 에도 중기 간조부교를 맡아 화폐 개주 등 경제정책을 주도했다. 아라이 하쿠세키의 탄핵으로 실각했다.

노부의 총애를 받아 막신으로 등용되어 소바요닌까지 오른 인물이다. 다만 6대 쇼군이 사망하고 어린 7대 쇼군이 옹립된 무렵에는 아키후사·하쿠세키 같은 신참 발탁자에 대한 후다이 문벌의 반감이 거세져서 막부는 일종의 오이에 소동 상태였다고 할 수 있다.

이 내분을 극복한 이는 8대 쇼군 요시무네이다. 그는 한편으로는 후다이 문벌을 회유하는 방침을 내세웠지만, 역시 유능한 인재를 발탁하여 요직에 앉히고 교호 개혁이라 불리는 정책들을 수행하였다. 등용한 인물로는 마치부교 오오카 에치젠노카미 다다스케大岡越前守忠相가 유명한데 막부의 재정과 직할령 행정을 담당하는 간조카타勘定方에 능력 있는 관리를 많이 등용했다. 그들은 지방공자地方功者라 불렸을 정도로 농정과 농업 기술에 휜한 사람들이었다.

하급 무사의 발탁이 용이하도록 족고足高 제도를 두었다. 관직이 올라가면 그에 상응하여 경비도 늘어나고 체면도 차려야 한다. 그에 걸맞게 수입이 늘지 않으면 격려조차 되지 않는다. 그러나 무사의 봉록은 부모 자식 간 세습이 원칙이었기에 발탁할 때마다 올려주면 막부의 재정 봉록 때문에 유지되지 않는다. 그래서 1723년 제정한 것이 족고 제도이다.

이것은 각 관직에 상응하는 기준 봉록을 미리 정해 두고 재직 중 부족분을 더해주는 것이다. 예를 들면 마치부교·간조부교는 3천 석, 사쿠지부교·후신부교[61]는 2천 석. 그렇게 해서 가록이 이에 미치지 못하는 자는 재직 중에 한하여 정액까지 더하여 지급한다. 이로써 봉록이 적은 자도 재직 중에는 관직에 상응하는 수입을 얻고 막부도 세습 가록의 증가에 따른 재정 압박의 걱정 없이 인재 등용이 가능하게 되었다. 이 제도는 나중에 크게 효과를 발휘하여 봉록이 적은 자가 영전하는 길이 널리 열렸다. 그러나 한편으로는 관직에 상응하는 수입에서 세습 가록의 비중이 점차 작아져 무사의 샐러리맨화를 촉진하였다.

행정 기술 통달자로서 관료는 근세 중기 이후 항상 막번 정치 전개의 중핵이었다. 행정 기술은 점차 고도로 향상되었다. 교호 개혁 무렵에는 주로 개인적 재능이나 경험을 활용하는 정도였지만 이윽고 면학에 의한 기술자 양성이 필요한 단계로 나아갔다. 예를 들면 간세이寬政 개혁에서 마쓰다이라 사다노부松平定信가 '이학 금지령'[62]을 낸 목적이 사상 통제라든지 풍속 광정匡正 등 소극적 체제 유지책에 머무르지 않고 행정 관료 양성을 위한 '정학' 학습이었다는 점을 주목해야 한다. 종래 사숙에 비해 부진했던 관학을 진흥시켜 후세 국가 유위의 인재

---

61) 사쿠지부교(作事奉行)와 후신부교(普請奉行) 모두 막부의 관직으로, 전자는 막부 관계의 건물 조영과 수선 등을 총괄하였고, 후자는 성벽과 상수 등 토목 관계의 일을 담당하였다.

62) 이학금지령은 일본사에서 '이가쿠노킨(異學の禁)'이라 한다. 1790년 사다노부가 하야시 대학두(大學頭)에게 주자학을 정학으로 하여 창평횡에서 이학 교수를 금지하는 취지로 내린 유달(諭達)을 가리킨다. p62 각주 참조.

양성의 장으로 발전하는 계기가 바로 여기에 있었다. 창평횡昌
平黌은 이윽고 단순한 막부 관리 양성 기관의 역할에만 그치지
않게 되었다.

근대 일본 정치에서 커다란 존재였던 관료의 계보를 거슬러
올라가면 맨 먼저 간세이 개혁 이후 관학의 역할, 더 올라가면
교호 개혁에서 결실을 맺은 인재 등용 정책, 그렇게 17세기
전반에 정형을 이룬 근세 초기의 관료군까지 이르게 된다.

2.7 근세 사회의 맹점

혼다 마사노부는 위에서 말한 근세 초기 행정 관료로 지모에
능했던 도쿠가와 이에야스의 측근이었다. 그가 저술하였다고
전하는 『본좌록本佐錄』에는 "백성은 재물이 남거나 부족함이
없도록 다스리는 것이 도리"라는 구절이 있다. 또 8대 쇼군
요시무네가 발탁하여 특히 교호 개혁 후기에 활약한 간조부교
간오 와카사노카미神尾若狹守는 "참기름과 백성은 쥐어짜면 짤
수록 나오는 물건"이라고 무책임한 발언을 했다고 전한다. 모
두 막부의 농민 수탈이 얼마나 가혹했는지를 여실히 보여주는
말로 종종 인용되는데, 둘을 비교하면 '참기름' 쪽이 아무래도
잔혹하다.

그런데 이 둘은 서로 다른 역사의 발전 단계를 보여준다.
『본좌록』에서 인용한 앞부분은 "일 년에 먹는 비용을 어림잡
고 그 나머지를 연공으로 걷어야 한다"에 이어지는 문장이다.
요컨대 가을걷이에 대해 우선 다음 해 일 년분의 볍씨 그리고
소비용 쌀과 식료를 제외한 나머지를 전부 연공으로 징수하라
고 하였다. 바꿔 말하면 단순 재생산에 필요한 것은 농민 손에
남겨두라고 말하는 것이다. 행여 재생산에 필요한 부분까지
수탈하지 않도록 경계하는 말이다. 그것이 "재물이 남거나
부족함이 없도록"이라고 표현된 것이다. 이것은 근세 초기의
영주에게 잉여분 전부를 수탈할 수 있는 힘이 있음을 전제로
한다.

이에 대하여 '참기름' 쪽은 얼마든지 쥐어 짜내면 나온다고 하지만, 거꾸로 말하면 아무리 짜내도 여전히 영주 측이 잉여분 전부를 취할 수 없는 상태임을 말해준다. 그만큼 영주 측의 징수력이 저하했음을 보여준다. 『본좌록』이 저술된 근세 초기와 간오 와카사노카미가 활약한 교호기는 약 백 년이 차이 난다. 이 기간 동안 생산력 발달도 현격한 차이를 보인다. 그러나 생산력 발달이 꼭 영주 재정의 증대로 이어지지는 않았다. 오히려 17세기 후기부터 막부와 여러 번들이 현저하게 궁핍해진 근본 원인이 되었다. '참기름' 운운하는 말에서 그 이유의 일단을 엿볼 수 있다. 요컨대 근세사에서 에도 막부의 권력은 사회 말단까지 관철되어 민중의 생활에 엄격한 간섭과 속박을 가했다는 것이 통념이겠지만 거기에는 예상 밖의 맹점이 있었다. 생산력은 그 맹점을 찌르면서 발달하였다.

이하라 사이카쿠의 『일본영대장日本永代藏』에 '대두大豆 한 알의 광당光堂'이란 이야기가 있다. 그 전반부에는 야마토국大和國 강가에 규스케九介라는 가난한 백성이 땅도 없이 오두막에 살던 처지에서 큰 부자가 된 이야기가 실려 있다. 규스케는 매우 부지런할 뿐 아니라 "만사 깊게 궁리하는 남자"로 쇠로 된 보습을 나란히 끼워 '고마사라에'[63]라는 농구를 고안하여 밭을 가는 데 큰 효과를 보았다. 보리 이삭을 훑는 것이 번거롭다하여 뾰족한 대나무를 나란히 엮은 '고케타오시後家倒し'

[63) 원문은 히라가나로 적고 있는데 한자로는 細杷로 쓰며 현대어로는 '고마자라이'라고 읽는다. 갈퀴의 일종으로 낙엽을 모으거나 흙을 고르는데 쓴다.

라는 탈곡 기구를 발명하여 놀라울 만큼 능률을 올렸다.[64] 또 '도유미[65]'를 처음으로 만들어 솜 타는 양을 크게 늘렸다. 이 밖에도 갖가지 농업 기술 개량에 노력한 결과 야마토에서 모르는 사람이 없는 목면 상인이 되어 대백성[66]이 되었다고 한다.

규스케는 사이카쿠가 만들어낸 인물이지만 이 이야기는 일면 겐로쿠기 농촌 사회의 변동을 상징한다. 후루시마 도시오[67]의 농업 기술사 연구도 증명하는데, 규스케에 가탁된 당시의 다양한 농업 기술 개량은 사실이다. 그것은 당연히 생산력 발달로 이어졌다. 다만 규스케의 개량에 관련있는 작물은 보리와 무명이지 쌀이 아니었음에 주의해야 한다. 요컨대 기술 개량이 연공 대상인 쌀이 아니라 상품 작물 쪽에서 이루어졌다는 점이 중요하다. 물론 쌀 생산 기술도 향상되었으나 생산력의 발달은 연공 대상이 아닌 작물에 현저했다.

무명·유채·담배 등 상품 작물의 재배는 석고제의 맹점이었다. 석고제는 어디까지나 쌀 생산을 전제로 하고 있기 때문에

---

64) [원주] 이것은 겐로쿠 무렵부터 점차 보급된 '센바코키(千齒こき)'라는 탈곡용 농구의 별명이다. 종래 탈곡은 노동력이 많이 필요한 작업이라 늙은 과부에게도 좋은 돈벌이였는데, 이 도구의 개발로 노동력 필요량이 극감하여 과부를 실직하게 만들었기 때문에 붙여진 이름이다. 고케後 家는 과부, 타오시倒し는 빼앗음, 넘어뜨림이란 말이다.

65) 도유미(唐弓)는 면을 타서 불순물을 제거하고 부드럽게 만드는 도구로 5척 남짓한 목궁에 고래심줄을 끼워 만들었다.

66) 대백성(大百姓)은 많은 전답을 소유한 호농을 말한다. 일본어로는 '오뱌쿠쇼'라고 읽는다.

67) 후루시마 도시오(古島敏雄, 1912~1995)는 일본사 학자로 도쿄대학과 히토쓰바시대학 교수를 역임하였다. 농업사와 경제사를 중심으로 연구 업적을 남겼다.

상품 작물은 충분히 파악할 수 없다. "재물이 남거나 부족함이 없도록"이란 원칙을 관철시킬 수 없다. 기술 개량이 그것에 박차를 가하였다. 규스케 같이 용구 개량만이 아니다. 예를 들면 비료도 자급 비료뿐 아니라 효과가 좋은 금비金肥 즉 구입 비료가 사용되었다. 돈을 내고 비료를 샀더라도 원칙적으로 증가분이 연공 대상인 쌀 생산에는 그다지 사용되지 않았다. 생산자에게 이익이 되는 상품 작물에 이용되었다.

영주 측은 일찌감치 검지장에 등록되어 있던 논本田에서 상품 작물을 재배하는 것을 금지했지만, 치수 토목 기술의 약진으로 전에는 손을 댈 수 없었던 큰 하천의 하류 유역 등이 17세기 후반부터는 양질의 신전新田으로 개발되었다. 막대한 경비를 들인 대규모 신전은 오로지 상품 작물 재배지였다. 영주 측은 상품 경제 발전의 성과를 충분히 가져가지 못하게 되었다.

요시무네의 교호 개혁 등 영주 측 정치 개혁의 큰 특색인 인재 등용에, 특히 '지방공자地方功者' 즉 뛰어난 농정 기술 관리의 진출이 현저한 이유는 이런 사태에 영주 측이 사활을 걸고 대응하려 했던 의도 때문이었다. 그러나 아무리 쥐어짜도 다 짜내지 못하는 상태가 간오 와카사노카미의 발언에서도 엿보이는 것이다.

그렇다면 지배 체제의 허를 찔러 발달한 생산력의 성과로 단맛을 본 이들은 누구일까? 그야말로 상식적인 답이지만 우선은 에도·교토·오사카 등 이른바 삼도三都의 도이야問屋 즉 중개업을 하는 호상으로 대표되는 조닌층이다. 근세 초기 화려한 대외 무역의 조류를 탄 상인들은 이미 경제계의 주류에서 물러나 있었다. 겐로쿠기에 새로운 경제 성장의 파도를 타고 출현한 상인의 하나가 기노쿠니야 분자에몬紀伊國屋文左衛門·나라야 모자에몬奈良屋茂左衛門 같은 일확천금의 투기 상인이다. 이들은 얼마 지나지 않아 몰락하여 사라졌다.

또 다른 형태로 이 무렵부터 착실하게 경영을 진전시켜 부를 축적하고 막말 유신기도 극복하면서 경영의 자본주의화에 대응했을 뿐 아니라, 패전 전후의 변동에도 잘 버텨서 오늘날 크게 일구어낸 기업도 적지 않다. 현재의 미쓰코시三越를 비롯한 미쓰이三井 계열 기업의 전신인 에치고야越後屋 오복점이 대표적이다. 1673년 미쓰이 다카토시三井高利가 문을 연 에치고야는 에도에서 '현금 할인 정찰제'라는 상법을 시작하여 크게 번창하였다. 이를 따라하는 가게가 줄을 이었다. 이것은 네덜란드나 중국 선박이 싣고 오는 수입 생사로 짠 고급 포목에는 적용할 수 없는 상법이다. 당연히 국내의 생사·견직물업 발달을 전제로 한다. 영주 재정의 불건전화와 정반대로 경제계 발전을 타고 간사이에 기반을 둔 상인, 오우미 상인, 이세 상인이 견실한 경영 기반을 다져갔다. 상품 작물 재배에서 보듯 17세기 중엽 이후 농촌에서도 상품 경제가 두드러지게 발전하였지만 그 영향으로 농촌 내부의 양상은 크게 달라졌다. 초분백성68)의 몰락, 마을

---

68) 초분백성(草分百姓)은 일본어로 '구사와케햐쿠쇼'라고 읽는다. 에도 시대 황무지를 개척하여 새로운 마을을 만드는데 종사한 사람들과 설립 당시부터의 주민들을 초분조닌(草分町人), 초분백성이라고 하였다. 이들은 가격(家格)이 높았으며 마을 관리인 직책을 세습하는 경우가 많았다. 농촌의 초분백성은 햇볕이 잘 들거나 수리(水利)가 편한 곳에

관리인 층의 교체, 신흥 부농의 대두 등 겐로쿠 전후 농촌의 변동은 도시 이상이었다고 할 수 있다. 상품 경제의 새로운 파도에 올라탈 수 있던 자는 상승하고 실패한 자는 몰락한다. 앞에서 서술한 규스케 이야기는 성공 사례의 전형을 묘사하고 있다.

이윽고 교호 이후 근세 후반기에 들어서면 토지를 집적하여 지주로 성장해 가는 소수의 집안과 토지를 잃어 소작농이나 수탄백성[69]으로 전락해 가는 다수의 집안으로 방향이 명확하게 양분되었다. 연공 납입 농지·집과 대지를 소유한 오타카모치大高持 집안은 양조장이나 전당포를 겸하여 운영하면서 상인으로서도 부를 축적해 갔다. 또 조닌 자본의 투자로 신전 지주가 된 조닌도 증가하였다. 영주 측이 농민에게 수탈할 일부분의 몫은 지주층이 챙겼다. 이렇게 아무리 쥐어짜도 다 짜내지 못하는 부분은 백성=생산자 손에 남지 못하고 조닌·지주 손에 들어갔다. 삼도의 중개업 호상들이 근대적으로 경영을 발전시킨 것과 마찬가지로 농촌의 지주층도 착실하게 기반을 다져 패전 후 농지 개혁에 이르기까지 일본의 근대 경제를 지탱하는 보이지 않는 기둥이었다.

집을 가지고 있었으며 호농을 초분지주라고도 했다.

69) 수탄백성(水呑百姓)은 일본어로 '미즈노미뱌쿠쇼'라 읽는다. 전답을 소유하지 않는 가난한 소작농이나 날품팔이를 하는 농민을 뜻한다. 이와 대비되어 경작지와 가옥, 택지를 소유한 백성으로 연공과 역을 부담하면서 마을 구성원으로서 권리와 의무를 가진 농민을 본백성(本百姓), 고지백성(高持百姓)이라 하며, 일본어로는 각각 '혼뱌쿠쇼' '다카모치 뱌쿠쇼'라고 읽는다.

경제면만이 아니다. 근세 사회의 허를 찌르며 성장한 조
닌·지주층이야말로 '일본적' 문화 형성의 토양이었다. 앞에서
언급한 여러 가지 '일본적' 문화 현상과 조닌 문화의 관계를 새
삼스레 서술할 필요도 없다. 국학이 지방의 서민층 특히 지주·
호농층에 널리 침투하여 그들의 교양으로 정착한 것은 이미
언급하였다. 지주층은 토지의 특산물을 취급하는 도이야 등을
경영하며 상품 유통에 깊게 관여하였는데, 삼도를 비롯한 다
른 지역의 문화를 접촉할 기회도 많았다. 경제적 여유도 있고
에도 같은 대도시 유학 기회도 충분하였을 것이다. 또 문인
묵객이나 예능인들이 모여들어 체류하는 일도 드물지 않았다.

시바 고칸[70] 『서유일기西遊日記』(1788)에 따르면 이세 야마
다山田 부근 곤고자카金剛坂의 모리시마 헤이시로森島平四郎의 집
입구에는 "유자·학자·허명자虛名者 및 거지 출입 금지"라 붙여
놓았다고 한다. 모리시마는 지주나 자산가 정도로 추정되며
집 위치가 이세신궁에 가까운 만큼 문인들의 내방에 골머리를
앓았을 터이다. 이런 경로로 근세 문화는 일본 각지에 전파되
고 정착하였다. 근세 사회 체제의 맹점을 꿰뚫어 조닌·지주의
경제적 실력이 신장하였을 뿐 아니라 '일본적' 문화도 바로 거
기에서 형성되었다.

---

70) 시바 고칸(司馬江漢, 1747~1818)은 에도 후기의 서양화가이자 난학자
이다. 처음에 스즈키 하루노부(鈴木春信)에게 풍속화를 배웠다가 나중
에는 사생화로 바꾸었다. 일본 최초로 에칭 기법을 사용하였으며 유화를
그려 서양화 보급에 큰 역할을 하였다.

2.8 '사私' 세계의 성장

막번 영주 권력이 석고제로 파악할 수 있었던 산업 경제계가 공적인 세계였다면 그 맹점에서 성장한 세계는 사적 세계였다. 공적 세계에서는 상행위를 천시하고 이익 추구를 악으로 간주하였지만 사적 세계에서는 그것을 적극적으로 긍정하는 의식이 생겨났다.

심학도화心學道話를 일으킨 이시다 바이간은 앞에서 유학 보급을 서술하면서 언급하였지만 "상인의 판매 이익은 사士의 봉록과 같다. 판매 이익이 없으면 사가 봉록 없이 일하는 것과 마찬가지다"(『도비문답』)라고 주장하며 상인의 이익 추구를 사도士道와 대등하게 두었다.

가이호 세이료海保靑陵(1755~1817)에 이르면 사회관계 모두를 상행위로 설명하였다. "예로부터 군신은 거래市道라 할 수 있다. 신하에게 지교知行를 주어 일하게 한다. 신하는 군주에게 자신의 힘을 팔아 쌀을 얻는다. 군주는 신하를 사고 신하는 군주에게 파는 것이니 매매와 같다." 군신이 매매 관계라면 영주와 인민은 대차 관계이다. "천자는 천하라는 상품을 가진 호가豪家이다. 제후는 나라라는 상품을 가진 호가이다. 이 상품을 민에게 꿔주고 이자를 먹는 사람이다."

범죄와 형벌도 거래 관계로 생각한다. "민을 한 사람도 죽여서는 안 된다고 생각하면 죄보다 벌을 훨씬 무겁게 하는 것이 가장 좋다. 소매치기는 전혀 수지타산이 맞지 않게 되어서

없어질 것이다. 싸움꾼을 죽음으로 다스린다면 싸우는 사람은 들인 품에 비해 득이 없을 것이다. 이것이 천하에 소매치기나 싸움꾼을 없어지게 하는 도리이다. 사고파는 계산이 확실하게 정해지면 천하가 편안해지니 성인聖人의 세상이 된다."(『계고 담稽古談』)

인간의 감정·욕망을 용인하고 긍정하는 사상의 성장은 영리 행위의 정당성을 주장하는 배후가 되었다. 근세 초기 이래 정통파 교학의 지위를 차지하던 주자학에서는 '사私'의 존재는 인정하지 않는다. 개인 도덕은 가족 도덕으로 이어지고 나아가 정치적 규범으로 연결된다. 바로 격물에서 시작하여 수신·제가·치국·평천하에 이르는 『대학』의 8조목이다. 요컨대 개인이나 가정도 완전히 공적 규범에 따라 통제된다. '사'='정'='인욕'은 악이며 억누르고 소멸시킬 대상이다.

그런데 겐로쿠 시기로 들어서면 주자학파 가운데서도 가이바라 에키켄처럼 "요즘 학자들은 왕왕 군자가 이익을 바라서는 안 된다고 한다. 이는 이름을 좋아하고 고상함을 자랑하는 자들이 하는 말로 군자의 진정眞情이 아니다. 그저 거짓일 뿐"(『자오집自娛集』)이라는 의견도 나온다. 에키켄은 이익 추구라는 인간의 정욕을 시인하는 것이다.

고학파는 한층 더 명료하게 '정'='욕'='사'에 대해 관용적인 태도를 표명한다. 예를 들면 야마가 소코는 "욕은 정이 발하여 겉으로 느껴지는 것이다. 이런 마음이 없으면 사람이 아니다. 무릇 지식이 있는 자라면 모두 욕심이 있다. 특히 사람의 지식은 만물보다 뛰어나므로 욕심도 만물을 뛰어넘는다. 욕심이 있기 때문에 성인의 도에도 이를 수 있다"(『적거동문讁居童問』)라고 하였다. 이토 진사이도 "조금도 사욕이 없다는 것은 뼈와 살을 가진 사람으로 인정이 있는 자가 할 수 있는 바가 아니다"라며, "만약 예와 의로써 마음을 절제한다면 정은 곧 도이며 욕은 곧 의이니 어찌 싫어할 바가 있겠는가?"(『동자문童子問』)라고 설명하였다. 또 "인정의 지극함이 곧 도"(『논어고의論語古義』)라고도 했다.

오규 소라이는 인간의 마음은 "한가하고 아무 일이 없는 때에도 무엇이든 사고하게 된다. 하물며 외부 사물을 접하게 되면 그에 따라 기뻐하거나 노여워하거나 또 슬퍼하거나 즐거워하거나 사랑하거나 미워한다"(『경자사요람經子史要覽』)라고 하는 것처럼 정이 일어나 자연스레 말로 나타나고 목소리로 나오는 것이 시詩라고 하였다.

그러나 소라이는 이어서 시란 "일본의 와카와 마찬가지로 그것만이 수기치인의 도를 설명하는 것도 아니고 치국평천하의 법을 보여주는 것도 아니다"라며, 인간이 가진 희로애락의 정이 발로하거나 정을 표현하는 것은 도덕이나 정치와는 별개의 것 즉 천하국가와 관계없는 사적 세계라고 하였다.

모토오리 노리나가는 이를 "참된 마음"이라 하였다.

무사가 전장에서 깨끗하게 전사한 일을 글로 쓸 때 그가 했던 행위를 쓰자면 아무래도 용감무쌍하게 여겨져 대단할 것이다. 그 당시의 참된 마음을 꾸밈없이 있는 그대로 쓴다면 고향의 부모님도 그리울 것이고 처자도 한 번 더 보고 싶다 생각할 것이다. 또 목숨도 조금은 아까울 것이다. 이 모두 사람의 정이 절대 벗어날 수 없는 바이니 누구라도 그런 정이 생기리라. 만약 그런 정이 없다면 바위나 나무보다도 못한 것이다. 정을 있는 그대로 써서 드러내면 여자아이처럼 미숙하고 서툰 바가 많다. (『겐지 이야기를 읽는 요령紫文要領』)

노리나가는 인간의 참된 마음을 있는 그대로 표현함에 최고의 가치를 두고 있지만, 그것을 "여자아이처럼"이라고 형용하는 것은 역시 그것이 사적 세계의 문제이기 때문이다.

노리나가는 또 "맛있는 것을 먹고 싶어 하고 좋은 옷을 입고 싶어 하고, 좋은 집에 살고 싶어 하고 보물을 갖고 싶어 하고, 남에게 존경받고 싶어 하고 장수하고 싶어 하는 것은 모두 사람의 참된 마음"(『옥승간玉勝間』)이라 말하면서, 이를 부정하는 것은 "거추장스럽고 거짓된 것이다" 즉 그가 비방하는 '가라고코로'[71]이다.

그러나 그는 당시의 사회 질서에 대한 태도로 "다만 윗사람의 명을 경외하여 삼가 지켜서 신분에 알맞게 (중략) 자신이 사사롭게 영리한 체하는 행동을 하지 않고, 지금 세상에서 해야 할 범위의 일을 행하는 것밖에 달리 할 일이 없다. 이야말로

---

71) 가라고코로(漢意)는 중국의 서적을 읽어 중국풍에 심취하여 감화된 마음을 가리킨다. 노리나가는 이를 외래 사상 특히 유학 사상에 물든 것이라 비판하면서 그에 대비되는 참된 마음을 '마고코로(眞心)' 또는 '야마토고코로(大和心)'라 하였다. 고대 일본인들의 부드럽고 순수한 마음을 뜻하며 노리나가는 이를 이상적인 인간의 마음이라 여겼다.

신대부터 내려오는 참된 도리의 취지"(『다마쿠시게』[72])라고 주장하였다. "윗분이 정하신 바를 경외하여 삼가 지켜 신분에 알맞게" 행동하지 않으면 안 되는 인간이 "맛있는 것을 먹고 싶어 하고 좋은 옷을 입고 싶어"하는 인간의 진정眞情을 드러낼 수 있는 장은 정치나 사회와는 다른 세계 요컨대 개인의 마음 속에 한정되어야만 했다. 야마가 소코든 이토 진사이든 인간의 정욕의 존재를 당연하게 인정하면서도 성인의 도가 이를 통제한다고 주장하였다. 오규 소라이는 이를 정치 밖의 세계로 간주하면서도 『정담』에서 종종 논하기를, 성인의 도는 인정을 잘 분별하여 인정에 기초하면서도 인정에 휘둘리지 않는 제도를 만드는 것이 중요하다고 하였다.

모두 지배자측 즉 공적 세계의 입장에서 사적 세계를 어떻게 통제할지를 말하고 있다. 현실에서도 근세 사회는 공적인 인간·사회관계에 의해 인간의 진정의 발로 즉 사적 세계가 강한 제약을 받았다. 그래서 지카마쓰 몬자에몬의 희곡을 비롯하여 '의리와 인정의 갈등'을 주제로 하는 수많은 문예 작품이 탄생하여 관중의 눈물을 자아냈던 것이다.

---

72) 다마쿠시게(玉くしげ)는 옥즐사(玉櫛笥)로 한자 표기하며 빗과 화장 도구를 넣는 빗접을 뜻한다. 여기서는 모토오리 노리나가가 1787년 저술한 『비본(祕本) 다마쿠시게』를 가리키는데, 와카야마의 번주 도쿠가와 하루사다(德川治貞)의 자문에 따라 고도(古道)의 대의를 논하였다. 서명에 한자와 히라가나가 혼용되어 있고, 서명을 해석해서 표기하여도 쉽게 이해되지 않으므로 일본어 발음 그대로 표기하였다. 한국어역은 노리나가의 국학 저술 선집인 『일본 국체 내셔널리즘의 원형 – 모토오리 노리나가의 국학』(동북아역사재단, 2011)에 실려있다.

공사 두 개의 세계가 맞닿을 때는 반드시 공적 세계가 우
선하였다. 그렇지 않을 때는 두 개의 세계는 서로 관여하지
않고 병행하였다. 예를 들면 상행위에서도 정치 관련 문제가
발생하지 않는 이상 공권력은 개입하지 않았다. 1719년 막부가
'금은상대제령金銀相對濟令'을 발포하여 향후 빚과 관련한 소송은
처리하지 않으니 당사자들이 해결하라고 명한 것도, 직접적인
이유는 어찌 됐든 상거래는 사적 행위로 공권이 관여하여 알
바가 아니라는 관념이 바탕에 깔려 있었기 때문이다.

기타무라 도코쿠[73]는『도쿠가와 시대 평민적 이상』에서
"겐로쿠 문학을 비하하여 일본 문학의 치욕"이라 간주하는 설
에 반대하며 "일본에서 처음으로 언급된 평민의 목소리"라 주
장하면서 평민적 이상의 발로이자 일본의 생명 표현이라 평가
하였다. 그러면서 "도쿠가와 3백 년의 저변에 흐르는 큰 강물이
눈앞을 가로지를 때 나는 이를 즐겨 관찰한다. 누가 알겠는가.
도쿠가와 시대에 땅 밑에서 흐르던 큰 강물은 메이지의 정치적
혁신에 막혀 멈출 수 있는 것이 아님을"이라고 논하였다.

그가 지적하는 평민적 이상이나 메이지유신의 정치적 변
혁조차도 막지 못하였던 도쿠가와 3백 년의 저변에 흐르는 큰
강물이란 여기서 서술한 사적 세계에 해당할 것이다. 그도 감
지했던 정치적·공적 세계와는 다른 세계의 흐름은 메이지에서

---

73) 기타무라 도코쿠(北村透谷, 1868~1894)는 시인이자 평론가로 시마자
키 도손(島崎藤村) 등과 잡지『문학계(文學界)』를 창간하였다. 근대
낭만주의의 선구자로 일컬어진다.

멈추지 않고 그 후에도 오래도록 근대 일본의 일면에 지속되고 있다. 다만 그것은 공사 대항 관계로서가 아니라, 겉으로 드러나는 세계에서는 가족생활 안으로 깊숙이 들어온 공적 관계를 그대로 존속시키면서 그와는 다른 차원의 세계를 열어 갔다.

제 3 장

'근대화' 일본의 기반 형성

3.1 우민관의 수정

근세 일본 문화의 특색이 서민 문화임은 오랫동안 일컬어진 바이다. 궁정 귀족은 고대 이래의 전통문화 지키기에 여념이 없었다. 상류 무가 중에는 학문을 좋아하는 사람이나 문화사에 공적을 남긴 쇼군·다이묘도 다소 있었지만, 아무래도 프랑스 루이 왕조나 합스부르크가 혹은 청조 황제처럼 같은 시기 외국의 제왕帝王이 문화사에서 차지하는 존재감에 비할 바가 안 된다. 역시 근세 일본에서는 규모는 작지만 삼도(에도·교토·오사카)의 조닌 문화나 여러 지역의 지주·호농층이 문화사에서 수행한 역할을 중시해야 한다. 앞장에서 인용한 기타무라 도코쿠의 문장에 보이는 강한 주장도 그런 가치에 대한 논의 이다.

　　그런데 근세 문화 발전에 크게 공헌한 서민으로 역사를 활기차게 한 사회층은 자연스레 도시의 조닌과 호농층 정도로 한정될 것이다. 그러나 그 배후에 상당히 넓은 범위에서 특히 근세 후기에는 밑바닥에 가까운 계층 사람들까지 강한 지적 욕구와 교양이 두드러지게 향상하는데 나는 이것이 근세 문화 발전의 원동력이었다고 생각한다.

　　민중 생활의 동향에 나타난 이 같은 변화의 조짐을 17세기 말기의 정치권력은 이미 감지하고 있었다고 생각한다. 앞 장에서 언급하였듯이 '게이안의 포고문' 즉 1649년에 "각 지역 향촌에 내리신" 포고문은 "백성은 분별이 없고 생각이 없는 이들"(제11조)이라 한 것처럼 우민관이 바탕이다. 또 "연공만 내고 나면 백성만큼 속 편한 것이 없다"(제32조)고 끝맺는데, 속이 편하다는 것은 영주와 농민의 관계에서 오히려 영주 측의 낙관적인 표현일 것이다. 17세기 중반 20년 정도의 기간에 백성 봉기가 비교적 적었던 사실도 그것을 뒷받침한다.

　　그런데 4대 쇼군 이에쓰나의 간분寬文・엔포延寶 무렵(1661~1680)을 지나 5대 쇼군 쓰나요시 시대가 되면, 사회 양상은 상당히 달라진다. 쓰나요시는 쇼군에 취임하고 얼마 지나지 않아 1680년 8월 통상 정무는 월번제로 처리하고 큰일은 열석한 이들의 합의제에 의한다는 기존의 관례를 깨고 신임하는 로주 홋타 마사토시堀田正俊에게 재정・민정 전관을 명하였다. 윤8월에 마사토시의 이름으로 발포된 다이칸에 대한 7개조 훈령은 "민은 국가의 근본"이라는 문장으로 시작하여 자못 유교를 좋아했던 쓰나요시의 면목에 어울리는 정신론이 기조를 이루는데, 제3조에 다음과 같은 문장이 있다.

- (제3조) 민은 윗사람과 멀리 떨어져 있기 때문에 의심이 있는 자들이다. 그러므로 윗사람 역시 아랫사람을 의심하는 일이 많다. 상하 의심이 없도록 만사 세심한 주의를 기울여 명령할 것.

여기서 말하는 인민의 의혹은 우민이기 때문에 생기는 것이 아니다. 지배·피지배 간 괴리가 있기 때문에 상하 서로에게 발생하는 문제로 파악하고 있는 데에 주목할 필요가 있다.

2년 뒤인 1682년 막부는 전국에 알림판을 다시 세웠다. 이른바 '충효찰'이라는 7개조로 된 알림판으로 제1조는 앞에서도 언급했는데 다시 한번 조문을 살펴보자.

- (제1조) 충효를 장려하고 부부 형제 친척이 화목하며 하인에 이르기까지 연민을 베풀어야 한다. 만약에 불충·불효하는 자가 있으면 중죄로 삼을 것.
- (제2조) 만사 사치해서는 안 된다. 의식주에 상호 검약을 지킬 것.
- (제3조) 나쁜 마음으로 속이거나 무리한 요구를 하거나 이익을 탐하는 욕심으로 다른 사람에게 해를 입혀서는 안 된다. 모두 가업에 힘쓸 것.
- (제4조) 도적과 악당이 있으면 소訴를 제기하라. 반드시 상을 내릴 것. 덧붙여 도박은 엄금할 것.
- (제5조) 싸움과 언쟁을 멈춰라. 만약 그런 일이 생기면 함부로 그쪽으로 향하지 말아야 한다. 또는 부상자를 숨겨주어서는 안

될 것.

- (제6조) 사형이 집행될 때에는 허가받은 사람 외에는 모여들지 말 것.
- (제7조) 인신매매는 엄격히 금지한다. 아울러 연한을 정해서 고용살이를 하는 하인은 남녀 모두 10년을 한도로 한다. 이 규정을 위반하면 처벌할 것. 덧붙여 집안 대대로 고용되어 일해 온 자 또는 언제인가부터 더부살이하게 된 자, 다른 곳으로 가서 정주하면서 처자까지 갖게 되었거나 그 위에 잘못이 없는 자를 다시 불러들이지 말 것.

이것을 20년 전 4대 쇼군 이에쓰나 대인 1661년의 알림판과 비교하면 '충효찰'은 이전 알림판의 중요 내용을 제5조에서 제7조의 3개조에 압축시켜 싣고 있다. 요컨대 다음과 같다.

충효찰	1661년 알림판
제5조	제1조(싸움 언쟁), 제7조(부상자)
제6조	제2조
제7조	제6조(인신매매), 제7조(고용살이 10년), 제8조(주민 소환 등)

아울러 1661년의 알림판 제3조는 화재 시 군중 금지, 제4조·제5조는 1년 고용 금지인데, 이것은 1682년 알림판에는 생략되어 있다. '충효찰' 제1조 내지 제4조는 1663년의 제사법도諸士法度의 문장과 비슷한 것이 많다. 다음에서 비교해 보겠다.

제1조 "충효를 장려하고"는 제사법도 제1조의 첫 문장이다. 다만 뒤에 이어지는 문장 "항상 문도무예에 마음을 쓰고"

운운 부분을 생략한 것은 서민에 대해서는 부적절하기 때문일 것이다.

제2조는 제사법도 제3조 "사사로이 사치해서는 안 되며 만사 검약해야 한다", 제4조 '집짓기', 제5조 '혼인', 제6조 '접대용 상차림', 제7조 '음신音信의 예의'와 관련된다. 제사법도 제3조의 "병기 외에 불필요한 도구를 좋아하고"라는 문장은 제1조의 경우와 마찬가지로 백성·조닌에게는 불필요하기 때문에 생략하였다고 여겨진다.

제3조 '가업'의 문장은 제사법도 말미 제23조에 "가업은 방심하지 말고 힘쓸 것"에 해당한다.

제4조는 제사법도 제12조 "반역, 살해, 도적 신고가 있으면 반드시 원래 주인에게 돌려보낼 것"에 해당하며 또 도박 금지는 제사법도의 제20조에 들어 있다.

이렇게 '충효찰'은 1663년의 제사법도의 조문에서 백성·조닌에 어울리지 않는 부분 예를 들면 군역(제2조)·백성 소송 취급(제15조)·지교知行 임무(제16조)·신지新地 사사寺社(제17조)·말기양자1)(제18조) 등을 제외하고 일부 표현을 바꾸어 문장을 압축한 감이 있다. 제사법도는 하타모토를 대상으로 한 법도이다. 조문에서 사회생활에 관한 부분을 백성·조닌 대상의 알림판에 포함시켜 전국에 내건 것은, 앞에서 본 다이칸에 대

---

1) 말기양자(末期養子)란 무가 가문의 대가 끊어지는 것을 피하기 위해 당주 사망 즈음에 급하게 신청한 가독 상속 양자를 뜻한다. 일본어로 '마쓰고요시'라고 읽으며, '규요시(急養子)'라고도 한다.

한 훈령과 아울러 막부 당국자가 민중을 대하는 태도를 바꾸어 지적 정도가 상당히 높은 존재로 다루게 되었음을 보여준다고 생각해도 좋겠다.

다만 앞에서 유교의 '일본화' 항목에서도 언급했듯이 쓰나요시나 다음 대의 이에노부·하쿠세키 때에도 인민 교화의 구체적인 방책은 달리 없다. '충효찰' 제1조처럼 불충불효를 중죄로 삼는다는 위협을 하는 것은 여전히 "민은 따르게 해야 한다"는 영역을 벗어나지 않았다고도 할 수 있다.

교호 개혁에서 서민 교육이 구체화되고 교육 목적이 법질서에 순종적인 인민 육성에 있었다는 점을 이미 앞에서 말하였다. 8대 쇼군 요시무네는 평소에 "가르치지 않은 민을 벌하는 것이야말로 한탄스럽다"고 측근에게 말했다고 한다. 『대강정담大岡政談』의 '나오스케 곤베에直助權兵衛 1건'으로 알려진 사건인데, 1721년 에도 후카가와深川의 의사 나카지마 류세키中島隆碩 부부를 하인인 나오스케가 살해하고 도주한 사건이 요시무네 귀에 들어갔다. 측근은 요시무네가 필시 범인에 대해 분노할 것이라 짐작했는데 오히려 요시무네가 자신의 슬하인 에도에서 주인을 살해한 중죄인이 나온 것을 안타까워하며 마음 아파했다고 한다. 무로 규소는 이 이야기를 전해 듣고 서간에 남겼다. 서민 교육에 대해 요시무네가 가진 관심의 방향이 드러난다.

교호기의 서민 교육 정책이 구체화된 것은 『육유연의대의』 간행인데 『육유연의』에는 각 덕목에 대한 해설 말미에 덕목에 합치하는 중국의 법령을 싣고 있다. 요시무네가 무로 규소에게

『육유연의대의』집필을 명하였을 때 "중국의 율례律例는 우리 나라의 법과 달라서 취사선택 없이 행하기 어렵다"고 하여 그 부분은 삭제해 버렸다. 규소의 서간에 따르면 요시무네는 각 덕목에 어울리는 법령에 대해서는 쇼군 자신이 생각하여 문장을 쓸 생각이었던 것 같다.

이와 관련된다고 여겨지는 시책은 아마도 「향보도법률유기享保度法律類寄」편찬일 것이다. 형사 관계를 주로 하는 에도 막부의 판례집이 처음으로 공적 편찬된 것이다.

그 서문에 따르면 연대는 적지 않았지만 무네요시는 효조쇼評定所의 중심 구성원들에게 옆에 두고 싶다며 형사 관계 법률을 유형별로 편찬하여 제출할 것을 명하였다. 아마도 1720년 정월 26일 에도 성에서 로주 미즈노 다다유키水野忠之를 비롯하여 산부교에게 사형, 섬 유배 혹은 추방 등의 대체적인 기준을 다시 정하여 하나하나 써두라고 했던 것과 관계가 있을 것이다.

그러나 효조쇼 담당자들이 바빠서 손이 거기까지 미치지 못하는 동안에 쇼군이 재촉을 한 것이라 우선 미나미마치부교南町奉行 오오카 다다스케가 단독으로 실행하고자 했다. 그런데 다다스케 역시 바빠서 지체되는 동안 재차 재촉을 받았기에 마치요리키인 우에사카 야스자에몬上坂安左衛門과 가토 우에나오加藤枝直에게 초안을 만들게 했다. 요시무네는『육유연의』체제를 모방하여 편집하라고 명했지만, 그 의미를 잘 이해하지 못하고 난항을 거듭한 끝에 가토 우에나오가 편찬하여 1724년 6월 15일에 쇼군에게 제출하였다.

「향보도법률유기」는
역죄逆罪와 불인不仁(11개조), 화부火附(2개조), 도적盜賊(11개
조), 인살人殺(3개조), 교사巧事·모서謀書·모판謀判·강소强訴·월
소越訴(10개조), 정배掟背(21개조), 밀통密通(5개조), 불념不念(3
개조), 뇌류결락牢溜欠落과 파어사치破御仕置(12개조)[2]

위와 같은 9류 78개조에, 효조쇼가 근년 발령한 탓에 생
략하기 어렵다 하여 부가한 도박(2개조), 주광인酒狂人(3류 4
개조), 인부금引負金(2개조)을 합쳐 14류 86개조로 구성된다.
요시무네는 기꺼워하며 이것을 받아들였는데, 언뜻 보기에는
과연 이것이 '육유연의의 취지'에 부합하는지 알 수 없다. 또
요시무네가 어떻게 이것을 이용했는지도 밝혀지지 않았다. 추
측하자면 요시무네는 『육유연의대의』 각 항목 말미에 각각의
덕목에 관련한 당시의 법도를 실어야 한다며 손수 문장을 지을
의도가 있었는데, 그때 자료로 「향보도법률유기」를 사용할 생
각이 아니었나 싶다.

결국 『육유연의대의』에 법령은 실리지 않았지만 1722년
10월 요시무네는 에도 교외 가사이葛西 방면으로 매사냥을 나
갔다가 휴식을 위해 들른 의사의 집에서 동네 아이들의 습자
교본으로 역대 법도서를 사용하고 있는 것을 보고 포상하고,
다이칸을 통해 각지의 습자 선생들에게 법도서와 오인조장五人

---

[2] 역죄는 국가 반역죄, 불인은 윤리 도덕 위반 범죄, 화부는 방화, 모서는
문서 위조, 모판은 인장 위조, 강소는 소송, 월소는 항고, 정배는 법령
위반, 불념은 미필적 고의, 뇌류결락은 탈옥, 파어사치는 이른바 판결
불복종을 뜻한다. 또 다음 문장의 인부금은 업무상 횡령에 해당한다.

組帳 등을 교과서로 사용하도록 장려하였다.

앞에서 서술한 1720년 정월 산부교에게 로주 미즈노 다다
유키가 내린 지령에는 항목이 하나 더 있다. 공사소송公事訴訟
이 발생하는 이유는 사람들이 관청에 미리 신고하는 것을 게
을리하거나 증서 작성법이 조잡한 탓이다. 따라서 예전부터의
조목·정서定書 등을 하나로 정리하여 이후는 이러한 규칙에 따
라 절차를 밟도록 잘 알리라는 내용이다. 이에 대해서는 쇼군
요시무네도 직접 산부교에게 명령하였다. 근년 급증하는 소
송을 감소시킬 목적인 대책이지만 여기서도 서민에게 법령을
주지시키려는 의도가 나타난다.

이렇게 쇼군 요시무네는 쓰나요시의 '충효찰'보다 한층 더
서민의 지적 수준이 높다고 인정하고 나아가 이를 계발함으
로써 사회 질서를 평온하게 유지하고자 했다. 다만 그 뒤로
법령 주지를 추진한 흔적은 보이지 않는다. 오히려 1742년에
완성된 「공사방어정서公事方御定書」는 산부교 이외는 비밀이었
다. 어쩌면 법망을 교묘하게 빠져나가는 자를 방지하기 위한
의도였을지도 모른다. 그러나 준법정신을 기르기 위한 수단의
하나로 발족한 서민 교육 정책은 교호기에 획기적으로 발전해
갔다.

3.2 민중의 지식욕

교육의 보급은 지배 측의 정치상 목적이 있는 시책의 효과는 말할 것도 없고 교육을 받는 민중의 의욕 여하에도 크게 영향을 받는다. 그런 점에서 근세 일본에서 교육에 대한 서민의 관심은 상당히 높았다. 사숙·데라코야의 융성은 그런 사실을 보여준다. 17세기 말 무렵 이른바 겐로쿠 시대가 서민 교육이 고양되는 발단이며 위로부터 서민의 교화가 중시된 시기와 거의 합치한다.

사숙이라 하지만 내용은 지극히 다양했다. 이토 진사이의 호리카와숙堀河塾은 문하 3천 명이라 일컬어지는데, 공가·부상富商·의사 등 다양한 계층에서 모여들어 교토 상류 주민의 사교계를 형성하기까지 했다. 오사카에 만든 미야케 세키안의 회덕당은 1726년 이후 막부의 보호를 받아 관학에 준하는 성격을 띠게 되었는데, 1869년 폐지될 때까지 오사카 시민의 교육에 다대한 공헌을 하였다. 다만 오사카의 주민이라 해도 호상이 중심이었다. 에도의 기노시타 준안의 사숙은 아라이 하쿠세키·무로 규소 외에도 뛰어난 학자를 배출하였다. 이것은 교육자 준안의 뛰어난 수완에도 기인하겠지만, 그가 막부나 다이묘들과 연고가 깊었던 탓에 취업에 유리하다 하여 많은 벼슬 지망생이 모여들었다고 상상한다.

이런 사숙을 정점으로 놀랄 만큼 많은 수의 사숙·데라코야가 저변에 확산되었다. 무로 규소의 서간을 보면 1722년 무렵

에도에는 습자 선생이 480명이나 있었다고 한다. 이것은 낭인 등에게 좋은 호구책이었던 것 같다. 요즘에도 학원은 대학생이나 취업 준비생에게 좋은 아르바이트이며 아예 자리를 잡는 경우도 드물지 않은데, 비슷한 현상이다.

아라이 하쿠세키도 일하던 홋타 가문이 다이로大老 마사토시正俊 사후 재정이 궁핍해진 탓에 생활이 어려워지자 1691년 홋타가를 나와서 스미다가와隅田川 부근에 사숙을 열었다. "배우러 오는 자가 나날이 많아졌다. 지체 있는 사람들이 와서 배우는 일도 적지 않았다"(『오리타쿠시바노키』)고 한다. 저변의 민중이 대상은 아니었지만 사숙은 번창하였던 모양이다. 이 역시 하쿠세키의 재능 덕이겠지만, 겐로쿠 시대 에도에는 생활을 위해 굳이 봉록을 사양하고 사숙을 열게 만드는 조건이 갖추어졌던 것이다.

오규 소라이도 거의 같은 시기 가즈사上總 혼노本納(현 모바라시茂原市)의 우거寓居에서 에도로 돌아와 시바芝의 증상사增上寺 부근에 사숙을 열었다. 처음에는 끼니 걱정을 할 정도로 가난하여 동네 두부 가게 주인이 도와줬다는 이야기는 강담講談에서도 유명하지만 이윽고 평판이 좋아져 제자들도 늘었다. 이런 사숙들을 성립하게 만든 사람들이 꼭 취직을 조건으로 입문한 것만은 아닐 것이다. 오히려 널리 지식과 교양을 좇아 모여든 사람들이 더 많았으리라.

다만 하쿠세키든 소라이든 문하에 모인 이들이 기초적인 습자를 배우려고 오지는 않았을 것이므로, 서민층을 포함하였다 해도 하층민을 떠올려서는 안 된다. 하층민의 생활 실태는 지금도 그다지 분명하지 않은데, 이케가미 아키히코池上彰彦는 「후기 에도 하층민의 생활」[3]에서, 막부가 편찬한 『효의록孝義錄』, 『속편 효의록료續編孝義錄料』, 『어부내비고御府內備考』 및 『충효지忠孝誌』를 사료로 삼아 생활 실태를 고찰하였다.

『효의록』은 간세이 개혁 당시 마쓰다이라 사다노부가 발안하여 에도 초기 이래 전국의 백성·조닌 중에 선행 표창을 받은 자를 모아 1801년 관판으로 간행하였다. 『속편 효의록료』는 『효의록』 속편으로 계획되었지만 간행되지는 않았다. 『어부내비고』는 에도의 지리지인 『어부내풍토기御府內風土記』의 비고備考로 편찬된 것이다. 여기에도 선행 표창자의 이름이 실려 있다. 『충효지』는 덴포 개혁 당시 표창한 조닌의 기록이다.

이케가미는 이들 사료에서 1726년부터 1843년까지 118년 동안 표창을 받은 에도 주민 309명의 일람표를 만들어 생활 실태를 분석하였다.

일람표를 보면 표창 이유는 다양한데 대략 자기 한 몸의 노고를 꺼리지 않고 영락한 주인집이나 가난한 부모를 위해 일하여 경제적으로 보탬이 되거나 간병을 한 사례가 많다. 그런데 그 가운데 드물지만 병든 아비를 위해 책을 읽어주었다든지, 쇠락한 주인집을 떠나지 않고 그 집 사람들을 위해 읽기 쓰기를 가르쳤다든지, 하층민의 교양에 관한 사례가 있다.

---

3) 니시야마 마쓰노스케(西山松之助) 편 『에도 조닌 연구(江戶町人の硏究)』 제2권 수록

- 1791년 [후카가와深川 기타가와초北川町 사요さよ 28세 세입자店借 안마사 슌요春養의 양녀]

  집이 가난하여 무가에 더부살이를 했다. 그러면서 습자와 거문고를 배웠다. 독서를 좋아해 급여의 일부로 사서오경을 구해 읽었다. 살림에 보태려고 시간을 내서 동네 여자아이들에게 읽기 쓰기, 거문고, 여도女道를 가르쳤다. 결혼하지 않고 양친에게 효양을 다하였다.

- 1791년 [미나미나베초南鍋町 2초메丁目 주시치忠七 28세 가이국甲斐國 군나이郡內 출신 미나미마키초南槇町 세입자 춘미옥春米屋 진에몬甚右衛門 양자]

  양부 진에몬이 장사에 실패하고 중풍에 걸렸다. 그래서 미나미나베초 춘미옥의 다헤에太兵衛에게 봉급 3량兩에 고용되어 양부모를 부양하였다. 모친도 가계에 보태려고 이웃 아이들에게 읽기 쓰기를 가르쳤다.

- 1791년 [아사쿠사淺草 산겐초三間町 이치로자에몬市郎左衛門 34세 토지 임차 자가 소유地借家主]

  모자 생활. 모친이 좋아하여 책을 빌려와 읽어 주었다. 자신도 독서로 위안을 얻었다.

- 1791년 [아사쿠사 산겐초 덴로쿠傳六 56세 무사시국武藏國 아다치군足立郡 출신 세입자]

  어려서부터 에도에서 고용살이, 35세부터 전당포 시작. 남녀 2인을 고용. 덴메이天明 기근 때 죽을 쑤어 이웃을 도왔다. 독서를 좋아하고 쇼헤이자카 학문소에 다녔다. 예전에 부친이 출신지 마을 사람들에게 받은 은혜를 갚고 있다.

- 1796년 [혼고本鄕 하루키초春木町 이와いわ 42세 세입자]

  남편이 있었지만 게으름뱅이라 이혼. 노부가 중풍에 걸려서

두부 가게를 계승. 부친이 좋아하여 소설책 등을 빌려 읽어
주었다.

- 1801년 [혼고 하루키초 2초메 이와지로^{岩次郎} 세입자 조물사^彫^{物師}]

  부친이 중풍으로 보행이 어렵자 책을 빌려 읽어 주었다.

- 1802년 [요쓰야^{四谷} 덴마초^{傳馬町} 2초메 마타에몬^{又右衛門} 토지 및
  자가 소유^{家持}]

  부친 무네아리^{宗有}는 고서를 좋아하고 이웃을 가르쳤다. 마타
  에몬도 부친의 가르침을 지켜 아내와 함께 효양을 다하였다.

- 1811년 [시바가나스기우라^{芝金杉裏} 3초메 사노^{さの} 64세 토지 및
  자가 소유인 야소^{やそ}의 더부살이]

  야소의 부친 기헤에^{喜兵衛} 때 더부살이를 하였는데 주인집이 몰
  락, 기헤에 사후 친척도 없고 팔다리가 불편한 야소를 삯일을
  하며 양육. 야소는 당시 27세였는데 어린 아이와 다름없어 글
  씨본을 써서 읽기를 가르치고 책을 읽어 주었다.

- 1813년 [후카가와 하마구리초^{蛤町} 젠타로^{善太郎} 16세 세입자]

  부친은 병환 중이고 모친은 병사. 조모와 둘이서 고기잡이와
  조갯살 손질을 도와 부친을 부양하였다. 장사에 짬이 나면 습자
  공부를 하여 동생을 가르쳤다.

- 1814년 [이치가야^{市ヶ谷} 후나가와라마치^{船河原町} 가헤에^{嘉兵衛} 히
  타치국^{常陸國} 쓰치우라마치^{土浦町} 출신]

  1797년 에도로 와서 후나가와라마치의 문서 작성 업무를 하였
  으며, 1807년 모친을 불러들여 모시고 살았다. 봉급만으로는
  부족하여 필사나 그림을 그려 생계를 꾸렸다.

이 사례들은 전부 하층민이라고 하기는 어렵지만, 안마·

춘미옥 종업원·두부 가게·조물사·가정부·어업 보조 등 결코 생활이 여유로운 사람들은 아니다. 그런 계층에 자신이 읽기 쓰기를 할 수 있을 뿐 아니라 다른 사람들에게 가르치는 능력까지 갖춘 이들이 있었다는 점에 주목하고자 한다. 에도 사회 하층에 가까운 사람들이 하루하루 생활에 쫓기면서도 문자를 알고 독서 욕구가 강하였음을 말해주는 사실이다.

근대 일본의 학교 교육은 전근대 데라코야 교육과 질적으로 다르고 계보적으로 단절되었다는 관점도 있지만, 다른 한편 18세기 이래 일본의 서민층은 널리 저변부터 지적 향상의 욕구가 강했음을 간과해서는 안 된다.

3.3 문화의 상품화

근세 일본의 서민 문화가 발전한 중요 조건으로 문화가 민중의
손에 다다랐다는 점도 간과할 수 없다. 이것은 화폐 경제 발달
과 서민 경제 향상이라는 사회적 조건의 문제이기도 하지만,
서민에게 문화가 상품으로서 비교적 손쉽게 구입 가능한 존재
가 된 것이다.

그런 양상을 서적을 통해 보도록 하자. 앞에서 언급한 『효
의록』 등에 실린 에도의 선행 표창자 가운데 부모에게 빌린
책을 읽어주었다는 사람이 있었고, 가계 보조를 위해 필사를
한 사람도 있었다. 필사본은 아마도 대본소에 팔았을 것이다.
영세한 서민에게 서적 구입은 쉽지 않았겠지만 대본소에서 책
을 빌리면 비교적 간단하게 서적을 접할 수 있게 된다.

대본소의 기원은 분명하지 않지만 겐로쿠 시대에는 이미
발생한 것으로 보인다. 호레키寶曆 무렵 즉 18세기 중반에
는 전국적으로 상당히 증가하였다. 데라카도 세이켄寺門靜軒
(1796~1868)의 『강호번창기江戶繁昌記』 제3편에 "대본소 8백"
이라고 나오며, 노포 서점 50, 에조시4) 서점 50이라고 나란히
적혀 있는 것을 보면 덴포天保 무렵(1830~1844) 에도 대본소의
번창한 모습을 엿볼 수 있다.

히로니와 모토스케廣庭基介의 연구에 따르면 1808년 에도
에는 656곳의 대본소가 있었고, 1813년 무렵 오사카에는 약

---

4) 에조시(畵草紙)는 그림이 들어간 목판 인쇄의 소책자를 가리킨다.

300곳이 있었다. 조쿄貞享 연간(1684~1687)부터 메이지에 이르기까지 200여 년 동안 나고야名古屋에는 62곳의 대본소가 확실하게 일정 기간 영업하였다. 그중에 1767년 개업하여 1915년까지 150년 가까이 영업한 다이소 호월당[5] 같은 곳은 서고 세 동에 수만 장서를 소장하고, 에도·교토·오사카에 점원을 파견하여 서적을 수집시켰다고 한다. 이것은 특별한 사례일지도 모르지만 규모는 여하튼 대본소는 서민에게 도서관 역할을 하였다고 생각해도 좋겠다.

서적 출판을 영업으로 성립시킨 것도 근세 문화의 한 가지 특색이다. 이미 간에이寬永 무렵(1624~1644)부터 상품으로서 서적 간행이 시작되었다. 1657년 대화재 이후 막부는 에도의 상인 조합이 담합하여 독점 행위를 하는 것을 금지하였는데, 대상이 된 조합 20종 가운데 '물지본옥'[6]도 포함된 것을 보면 출판업자(아마도 판매를 겸했을 것이다)도 에도의 주요 업자 대열에 들어갔다고 볼 수 있다. 1673년에는 군서軍書·가서歌書·

---

[5] 다이소(大惣)는 오노야 소하치(大野屋惣八, 1728~1811)를 가리키며 호월당(湖月堂)은 그의 호이다. 지타군(知多郡) 오노무라(大野村) 출신이라 오노야라고 하였다. 2대 이후부터 다이소라 약칭하였다. 초기에는 양조장과 약방을 겸하다가 1767년부터 대본소로 전환하였다. 3대에는 전성기를 구가하여 무사, 조닌, 학자 등 각계각층에서 고객을 확보하였고 전국 제일의 장서를 자랑하였다. 오노야의 출생연도는 1733년으로 된 자료도 있지만, 일본국회도서관 디지털 자료와 국문학연구자료관 문서를 참고하였다. 아울러 원문에는 1915년까지 영업했다고 되어 있지만, 여타 자료에는 1899년 폐업한 것으로 나온다.

[6] 에도시대에 서점을 가리키는 말은 다양하였으며 점차 분야별로 전문화되었다. 물지(物之)란 사물의 근본, 본옥(本屋)은 서점을 뜻한다. 즉 유학서, 불교서, 신도서, 역사서, 의학서 등 만물의 근본·근원을 탐구하는 책을 다루는 전문 서점을 가리킨다.

역曆 · 준사噂事 · 인지선악人之善惡 · 호색본好色本7)을 대상으로 흔하지 않은 일을 신판으로 인쇄할 때에는 마치부교쇼의 지시를 받도록 명했다. 서적 출판이 사회적으로 상당한 영향력을 갖게 되었음을 말해준다.

당시 이 밖에도 유학서 · 불교서 · 신도서 · 의학서 · 서간문 등 서민 생활의 교양 · 실용 · 오락 등 다방면으로 서적이 간행되었다. 이 경향은 겐로쿠기가 되면 한층 강해져서 간분 말기에 비해 겐로쿠 초년에는 출판 비율이 두 배에 달했다고 한다. 내용 역시 호색본을 비롯하여 배해서,8) 소설, 명소기名所記나 배우 · 유녀 평판기처럼 서민의 기호에 부응하는 책이 눈에 띄게 증가하였다. 특히 이하라 사이카쿠(1642~1693)에 의해 완성의 영역에 들어간 우키요조시9)나 그 뒤를 이은 에지마 기세키江島其磧(1667~1736) 등의 기질물10) 같은 소설이 출판 사업을 융성하게 했다.

출판계의 융성은 대본소에 크게 의존했던 것 같다. 예를

---

7) 준사는 떠도는 풍문이나 소문을 뜻하며 호색본은 겐로쿠기를 중심으로 유행한, 유곽 등에서 남녀의 정사를 주제로 한 소설이다.
8) 배해(俳諧)는 일본어로 '하이카이'라 읽는다. 운문 문학의 한 장르로 해학적 내용을 담고 있으며, 배해서는 이와 관련된 서적을 가리킨다.
9) 우키요조시(浮世草子)란 일본의 산문 문학 장르로, 주로 서민의 인정이나 풍속 세태와 희로애락을 담은 읽을거리이다. 오락성이 짙고 삽화가 들어가 인기가 많았다.
10) 기질물(氣質物)은 풍속 소설 중에서 등장인물의 기질을 아들, 딸, 아내, 다인(茶人), 종장(宗匠) 등 특유의 유형으로 묘사한 작품을 가리키며, 일본어로는 '가타기모노'라고 읽는다. 에지마 기세키의 『세간식자기질(世間息子氣質)』 등이 있다.

들면 사이카쿠의 『호색일대남』은 값이 은 5문[11])으로 이 무렵
어지간한 비상시가 아니면 오사카의 쌀 시세 1석石(150kg)이
60문 전후인지라, 고작 소책자 여덟 권의 가격치고는 상당한
고가였다. 근세에 화폐 경제 침투가 현저했다고 해도 서민의
일상 소비 생활에서 화폐 의존도는 지금보다 훨씬 낮았을 것이
다. 지금으로 환산해도 매우 비싸게 여겨지는 책을 그 당시에
영세한 서민이 아니더라도 쉽게 구입할 수 없었으리라.

대본소 책을 빌리는 값이 어느 정도였는지 살펴보자. 나가
토모 지요지長友千代治가 소개한 다지마但馬 기노사키城崎 온천의
나카야 진에몬中屋甚右衛門이란 대본소의 요금은 비싸게는 은 1
문도 하지만 대부분 은 3~4분[12])이었다. 이 값은 느긋하게 온
천을 찾은 손님을 상대로 한 만큼 도시보다 좀 더 비쌌을 수도
있다.

어찌 됐든 책을 사는 것과 빌리는 것은 매우 다르다. 하마다
게이스케浜田啓介의 연구에 따르면 다키자와 바킨의 『남총리견
팔견전』[13])은 한 질의 소매가가 은 20문 이상이었다. 도저히

---

11) 문(匁)은 일본어로는 '몬메'라고 읽는다. 에도시대에는 금화, 은화, 동
전의 세 종류의 화폐가 사용되었다(삼화제도). 금화는 고반(小判) 1매
=1냥을 기준으로, 이하 4진법을 단위로 하였다(1両=4分=16朱). 은화
는 무게로 가치를 정하였으며 기본 단위는 문(1匁은 약3.75g)이었다.
동전은 1매=1문(文)을 기본으로 하였다(1,000文=1貫文). 세 화폐의
교환가치는 18세기 막부 공식 지정 시세에 따르면 금1냥=은60匁=전
4,000文이었다.

12) 분(分)은 에도시대 화폐 단위로 1분은 은 1문(匁)의 10분의 1이다. 일
본어로는 '부'라고 읽는다.

13) 다키자와 바킨(瀧澤馬琴, 1767~1848)은 에도시대 후기의 통속 소설가
로 산토 교덴(山東京傳) 문하에서 수학하였다. 『복수월영기연(復讐

일반 대중이 치를 만한 값은 아니었다. 출판 부수도 500부 전후로 대부분 대본소에 팔렸다고 한다. 구사조시[14]는 서민도 직접 구매했다고 하는데 대작의 요미혼[15] 간행은 대본소 없이는 불가능했다. 독자 역시 서점의 추천으로 읽을 책을 정했던 것 같다.

대본소는 간행본만 취급하지는 않았다. 필사본書本도 중요한 상품이었다. 에도시대는 출판이 엄격하게 제한되었다. 1722년의 법령에 따르면 이설異說·신설新說은 애당초 제한되었고, 풍문이나 사실이라 하더라도 도쿠가와가에 관한 것은 간행 불가였다. 각본이나 상연도 마찬가지였으므로 예를 들어 '충신장忠臣藏', '선대추先代萩'같이 당대의 사건을 제재로 하면서도 시대는 가마쿠라나 무로마치로 설정했다. 『대강정담大岡政談』 등도 공간된 것은 쇼테이 긴스이松亭金水『대천인정록大川仁政錄』

月氷奇緣)』으로 이름을 높이기 시작한 이래 많은 작품을 저술하였다. 도중에 거의 실명하다시피 하여 며느리가 대필하여 쓴 대작『남총리견팔견전(南總里見八犬傳)』을 28년에 걸쳐 완성하였다. 이 책은 중국의 『수호전』을 모방한 장편 전기 소설로, 무로마치 시대를 배경으로 인의팔행(仁義八行)의 구슬을 찾아서 여덟 명의 전사가 악인 요괴와 싸우는 내용으로 인과응보, 권선징악으로 관철된 파란만장한 이야기이다. 일본어로 '난소사토미핫켄덴'이라 읽는다.

14) 구사조시(草雙紙)는 에도 중기 이후에 유행한 그림이 들어간 대중 소설의 총칭이다. 각 장에 삽화가 있고 대부분 히라가나로 쓰였다. 장르에 따라 아카혼(赤本), 구로혼(黑本), 아오혼(靑本), 기뵤시(黃表紙)로 구별하는데, 이는 표지의 색깔에 유래한다.

15) 요미혼(讀本)은 에도시대 소설의 일종으로 그림 위주인 구사조시에 대하여 읽기 위주의 책을 가리킨다. 18세기 중엽 교토·오사카에서 시작하여 19세기 초에는 에도를 중심으로 유행하였다. 공상적이고 전기적 요소가 강하며 인과응보, 권선징악을 담고 있다.

처럼 오오카^{大岡}를 오카와^{大川}로 바꾸고 시대를 가마쿠라로 하고 있다.

그런데 『대강정담』으로 전해지는 대부분의 이야기는 당당히 오오카 에치젠노카미 다다스케[16]의 실명을 적고 있다. 또 오오카를 유능한 부교로 상찬하는 것은 다른 한편 무능하고 게으른 부교나 관리들의 존재를 지적하고 비판한다는 말이 된다. 아무래도 간행을 허용할 만한 것이 아니었다. 이 밖에도 실록물이라 칭하는 당시의 사건과 인물을 실명으로 언급한 책도 적지 않다. 이런 책들은 거의 필사본으로 만들어졌다. 필사본은 막부 서적 통제의 맹점이었다. 필사본은 대본소를 통해 서민들에게 확산되었다. 그뿐 아니라 예를 들면 근세 후기 다이묘 학자로 알려진 인슈 와카사[17] 번주 이케다 간잔^{池田冠山} (1768~1833)이 지은 『오모이데구사』[18] 중에도, 또 히라도 번주 마쓰라 세이잔의 『갑자야화』[19] 중에도 필사본을 읽었다는

---

16) 오오카 다다스케(大岡忠相, 1677~1751)는 에도 중기의 막신이자 다이묘로 니시오히라번(西大平藩) 초대 번주이다. 8대 쇼군 요시무네의 교호 개혁 당시 마치부교로서 에도의 행정을 관장하였다. 그밖에 효조쇼에도 참석하였으며 지샤부교를 역임하였다. 『대강정담』에서 명 부교로 그려진다.

17) 인슈(因州)는 지금의 돗토리현(鳥取縣) 야즈군(八頭郡)에 있던 옛 이나바국(因幡國)의 별칭이며, 와카사(若櫻)번은 이나바국에 있던 돗토리번의 지번이다.

18) 『오모이데구사(思い出草)』는 이케다 간잔이 66세에 쓴 회상집이다. '오모이데'는 기억 또는 추억이라는 뜻이다. 간잔은 그의 호이며 이름은 사다쓰네(定常)이다. 그는 사토 잇사이(佐藤一齋)에게 유학을 배웠으며 하야시 줏사이(林述齋) 등 다수의 문인과 교유하였다.

19) 마쓰라 세이잔(松浦靜山, 1760~1841)은 에도 후기의 다이묘로, 세이잔은 호이며 이름은 기요시(淸)이다. 번정 개혁에 진력하였고 번교 유신관

흔적이 있다. 대학두인 하야시 줏사이林述齋(1768~1841)도 야
나기사와 요시야스柳澤吉保에 대한 악평을 정착시킨『호국녀태
평기護國女太平記』를 읽었다.

더욱이 간세이 개혁의 중심인물인 마쓰다이라 사다노부
(1758~1829)의 장서 중에『명군향보록名君享保錄』이 있었다고
알려졌다. 이것은 8대 쇼군 요시무네를 상찬하는 책이지만
쇼군 이하 요직의 관료를 실명으로 싣고 사실과 거짓을 뒤섞어
기사를 만들었기 때문에 당연히 공간이 허용될 성질의 책이 아
니었다. 이렇게 필사본은 상하 계층에 확산되어 허실이 뒤섞인
평전이나 사적·일화를 독자에게 정착시켰다. 거기서 형성된
인물이나 사건에 대한 이미지는 지금까지 제법 남아있다. 이런
형태로 보급된 서적은 근세 서민의 지식욕을 크게 충족시키고
교양을 높였으며 동시에 하급 무사나 낭인을 포함한 영세한
민중에게는 필사본 제작이라는 호구책을 제공하였다.

상품화된 문화는 애초에 서적만이 아니었다. 예를 들어 서
적과 관련된 인쇄 문화를 보자. 17세기 후반 히시카와 모로노
부菱川師宣(1618~1694)가 우키요에[20]를 민중 예술로 크게 일으

(維新館) 설립 등 학문을 장려하였다.『갑자야화(甲子夜話)』는 자신이
보고 들은 다이묘나 하타모토의 일화, 시중의 풍속 등을 실은 수필집이
다. 서명은 1821년 11월 갑자일 밤에 쓰기 시작한 데서 유래한다.

20) 우키요에(浮世繪)는 에도시대 서민들의 일상생활과 풍속 특히 유녀나
배우 등을 그린 그림으로, 육필화와 목판화가 있다. 우키요는 이전에는
불교의 염세적 세계관에서 비롯한 우세(憂世)로 표기하였으나, 근세에
들어 잠시 머물다 가는 현세를 들뜬 기분으로 편안하게 살자는 뜻에서
부세(浮世)로 표기하게 되었다.

켰는데 그는 이것을 목판 그림책 혹은 낱장으로 대량 인쇄하여 염가로 판매해서 민중에게 널리 보급했다. 그 후 인쇄 기술의 진보에 따라 다색판화인 니시키에錦繪가 출현하게 되어 뛰어난 작가가 나왔다.

미술 공예품은 상층 서민의 일상생활에 침투하였다. 도자기 생산이 발달하여 오가타 겐잔의 나루타키요[21]를 비롯하여 일상 식기류에서도 뛰어난 작품이 탄생하였다. 가구 세간류나 장식품 쪽에서도 칠기, 금은 마키에[22] 등의 생산이 각지로 퍼졌다. 오가타 고린尾形光琳(1658~1716)의 작품이 대표적이다. 금속 공예에는 막부의 어용을 담당한 고토가後藤家 문하에서 배출된 요코야 소민橫谷宗珉(1670~1733)이 있다. 그는 막부의 녹미를 사양하고 고토가에서 독립하여 마치보리[23]로 불렸다. 요컨대 전속 직인으로서 작품을 만드는 것이 아니라 작품을 판매하여 생계를 유지하는 생활로 들어선 것이며 그야말로 문화의 상품화를 상징하는 행동이었다.

근세 17세기 후반 이후 문화의 특색은, 문화가 권력자나 일부 특권 호상 사회에서만 향유되어 그들의 명령에 따라 전속

---

21) 오가타 겐잔(尾形乾山, 1663~1743)은 도예가이자 화가로 교토의 포목상 집안 출신이다. 나루타키요(鳴瀧窯)는 교토시에 있는 지명으로 겐잔이 가마를 연 데서 유래한다. 그의 작품은 자유롭고 활발한 그림이 들어가거나 세련되면서도 소박한 것이 특징이다. '고린 문양'이란 말을 탄생시킨 대표적인 공예가인 오가타 고린의 동생이다.

22) 마키에(蒔繪)는 옻칠한 표면에 금은 가루를 뿌려 무늬를 놓는 일본의 공예이다.

23) 마치보리(町彫)는 요코야 소민이 독립하여 제작한 금속 공예의 총칭으로 고토가의 이에보리(家彫)에 견준 말이다.

예술가나 직인이 제작하는 것이 아니라 널리 저변 민중에게 침투하여 정착하게 된 데에 있다. 그것은 이 책의 첫머리에서 언급한 이른바 '일본적' 문화 형성의 시기와 관련되는 문제이며 더욱이 상품화된 문화의 발전과도 깊게 연관된다.

이미 예시한 우키요에 판화든 서민의 일상생활에 진출한 미술 공예품이든 모두 '일본적' 문화 형성을 보여주는 현상이다. 한발 더 나아가 의복을 살펴보자. 앞에서는 형태가 오늘날과 같이 변천한 시기를 서술하였는데 다른 관점에서도 전통 의복의 성립 시기를 뒷받침할 수 있다. 면·견직물의 국내 생산 발달은 17세기 말 이후 경제계의 큰 특색이다. 품질도 점점 고급화되어 막부의 검약령에도 불구하고 우이중羽二重·수자繻子·사릉紗綾·천아융天鵞絨·단자緞子·수진繻珍24) 등 고급 직물의 생산 기술이 발달하였다. 그와 병행하여 우선염25) 등 염색 기술도 진보하였다. 거기에 가부키도 영향을 미치면서 대도시의 풍속을 형성해 갔다. 1673년 미쓰이 다카토시(1622~1694)

---

24) 우이중은 일본어로 '하부타에'라고 읽는다. 일본 특유의 흰색 견직물로, 직물의 가장 기본적인 평직에 날실을 가느다란 2줄로 만들어 짜서 밀도가 높아 부드러우며 가볍고 광택이 난다. 수자는 '슈스'라 읽으며, 직물 표면에 씨실과 날실이 많이 보이도록 짠 직물로, 매끄럽고 광택이 난다. 사릉은 '사야'라 읽으며, 만(卍)자 등 솟을무늬를 넣어 짠 비단이다. 천아융은 '덴가주'라 읽는다. 벨벳을 가리키는데, 포르투갈 상선이 가져온 것이 교토에 전하면서 만들어지게 되었다. 단자는 '돈스'라 읽으며, 광택이 있고 문양이 들어간 두꺼운 수자직의 견직물이다. 수진은 '슈친'이라 읽으며, 수자직 바탕에 무늬를 짠 직물로 일곱 색 이상의 씨실을 이용하여 칠채(七彩)라고도 하였다.

25) 우선염(友禪染)은 전분질의 방염제를 이용하여 천에 모양을 염색하는 기법의 하나로, 일본어로 '유젠조메'라 읽는다. 겐로쿠기에 활약한 미야자키 유젠(宮崎友禪)의 이름에서 유래한다.

가 에도에 연 에치고야 오복점에서 시작한 '현금 할인 정찰제'
상법이 에도 시민에게 크게 호평을 얻게 되자 이를 따라 하는
가게가 줄을 이었다. 상품 생산과 제조 기술 발달과 아울러
새로운 상인의 진출도 도시 풍속을 크게 바꾸어 갔다.

조루리[26]나 가부키, 그 밖의 연극·음악 등 예능의 발달이
근세 특히 17세기 말기 이른바 겐로쿠 시대 이후 현저했던 것은
새삼스레 말할 필요도 없다. 이것도 극장에 대중을 불러들이
는 흥행업이 상업적으로 성립한 결과이다. 여기서도 '일본적'
문화와 상행위의 깊은 연관을 지적할 수 있다.

---

26) 조루리(浄瑠璃)는 줄거리가 있는 이야기에 가락을 붙이고 반주에 맞춰
   낭독하는 성악의 총칭이다. 무로마치 중기부터 비파나 부채로 박자를
   맞추면서 부르던 조루리히메(浄瑠璃姫)의 연애담이 기원이라고 여겨
   진다. 이후 샤미센을 반주에 사용하게 되면서 제재나 곡절이 다양하게
   전개되었다. 에도시대 초기에 인형극과 결합하여 분라쿠(文楽)가 시작
   되었다.

3.4 지적 시민 사회

근세 사회는 신분제가 확립한 사회로 무사·백성·조닌으로 신분이 구별되었다. 막령과 다이묘령으로 지배 지역도 구별되어 인적 교류에서 제도상 또는 의식상 장벽을 이루었다. 그러나 지식인의 교류는 차츰 그런 장벽을 뛰어넘어 갔다. 특히 근세 중기 이후가 되면 전국에서 사람이 모여든 에도에서는 상당히 자유로운 교류가 눈에 띄게 되었다.

예를 들면 난학은 『해체신서解體新書』의 번역에서 본격적으로 시작하였다. 1771년 3월 고즈캇파라小塚原 처형장에서 스기타 겐파쿠杉田玄白(1733~1817) 등이 시체 해부를 본 것이 번역 계기가 되었다. 이때 동행했던 사람들을 보면, 스기타 겐파쿠와 나카가와 준안中川淳庵(1739~1786)은 모두 자쿠슈 오바마小濱의 사카이가酒井家 의사였고, 마에노 료타쿠前野良澤(1723~1803)는 부젠[27] 나카쓰中津의 오쿠다이라가奧平家 의사였다.

『난학사시蘭學事始』에 의하면 『해체신서』 번역에 참여한 사람들 중에는 "에도의 풍속은 겉만 화려해서 다른 사람들도 이를 전해 듣고 부화뇌동하여 사중社中에 들어온 사람도 있었다"고 하니, 1771년 착수하여 1774년 완성까지 4년 동안 상당수가 그 그룹에 드나들었을 것이다. 겐파쿠가 특별히 이름을 언급한 이들은 다음과 같다.

---

27) 부젠(豊前)은 지금의 후쿠오카현(福岡縣) 동부에 있던 옛 국명으로, 분고(豊後)를 아울러 호슈(豊州)라고도 했다.

- 가라스야마 쇼엔烏山松圓 : 데와 쇼나이번庄內藩 번의, 미상.
- 미네 슌타이嶺春泰(1746~1793) : 다카사키번高崎藩 마쓰다이라 데루다카松平輝高의 시의侍醫.
- 기리야마 쇼테쓰桐山正哲 : 1815년 몰. 무쓰 히로사키번弘前藩 번의.
- 가쓰라가와 호슈桂川甫周(1751~1809) : 막부 난방蘭方 외과의 가쓰라가와가 제4대.[28]

요컨대 겐파쿠 등의 번역 그룹에는 막의幕醫를 비롯하여 모두 에도에서 근무하던 오바마·나카쓰·쇼나이·히로사키·다카사키의 번의들이 소속과 상관없이 모여들었고, 그들이 협력하여 일본에서 처음으로 네덜란드어 문헌의 번역 사업을 수행한 것이다.

겐파쿠는 가독을 상속하기 전에 사카이 가문에서 봉록을 받으면서 1757년 에도 니혼바시도리日本橋通 4초메에 의원을 열었다. 1760년에는 소 시세키[29]가 부근으로 이사 왔다. 소 시세키는 에도 출신 화가로 여러 지역을 편력하였는데, 1739년 나가사키에서 청나라 화가 심남빈의 제자인 유히[30]에게 배웠

---

28) 데와(出羽)는 지금의 야마가타현(山形縣)과 아키타현(秋田縣)에 있던 옛 국명으로, 우슈(羽州)라고도 한다. 무쓰(陸奧)는 지금의 후쿠시마현(福島縣), 미야기현(宮城縣), 이와테현(岩手縣), 아오모리현(靑森縣)에 있던 옛 국명으로, 오슈(奧州)라고도 한다. 양자를 합하여 오우(奧羽)라고 부르며 지금의 도호쿠(東北)지방과 일치한다.

29) 소 시세키(宋紫石, 1715~1786)의 본명은 구스모토 고하치로(楠本幸八郎)이며 호는 설계(雪溪)이다. 송자암을 사사하여 개명하였으며 에도에서 사생의 화조화를 확산시켰다.

30) 심남빈(沈南蘋, 1682~?)은 청나라 화가로 1731년부터 나가사키에서 2

다. 나아가 1758년에 일본에 온 송자암^{宋紫岩}을 사사하고 2년
뒤에 에도로 돌아왔다. 그리하여 겐파쿠와 친교도 맺게 된다.
겐파쿠는 또 히라가 겐나이^{平賀源內}(1728~1779)와 친했던 터라
소 시세키는 그의 소개로 겐나이와도 친교를 맺게 되었다. 이
렇게 오바마번의 의사 겸 개업의인 스기타 겐파쿠, 사누키³¹⁾
다카마쓰번^{高松藩}의 하급 무사였던 히라가 겐나이, 남빈파^{南蘋派}
화가 소 시세키가 서로 친분을 갖게 되는 것도 에도가 맺어 준
인연이다.

그들의 친교는 단순히 이웃 간 교분이 아니었다. 겐파쿠는
시체 해부 견학에 지참한 네덜란드의 인체 해부도의 정확함에
감동하여 이윽고 동지들과 함께 번역이라는 큰 사업에 착수한
사람이다. 겐나이는 다방면에서 활약하였는데 주로 본초학에
서 출발하여 새로운 산업 기술 개발에 고투하고 있었다. 그의
본초학은 중국 서적에서 얻은 지식이 아니라 실제 일본에서
자라는 식물의 채취·재배를 통한 연구를 중시하였다. 소 시
세키는 기존의 전통 회화에 만족하지 않고 나가사키에서 심남
빈의 사생화를 배워 에도에서 남빈파의 개조가 되었다. 실증·
사실^{寫實}을 추구하는 정신이 세 사람을 이어준 것이다.

년간 거주하며 일본의 화조화에 큰 영향을 끼쳤다. 그의 영향을 받아
남빈파가 성립하였다. 유히(熊斐, 1693~1772)는 나가사키의 중국어
통역관 집안에서 태어났다. 남빈풍 화조화를 보급하였으며, 본성은 구
마시로(神代에서 熊代로 변경)이고 이름은 히(斐), 호는 수강(繡江)
이다. 유히는 한자식 이름이다.
31) 사누키(讚崎)는 지금의 가가와현(香川縣)에 있던 옛 국명으로, 산슈
(讚州)라고도 했다.

그림 1 　사자도(소 시세키, 야마토문화관大和文華館 소장)

1768년 소 시세키가 그린 사자도가 있다. 구도는 전통적인 동양의 사자도로, 우측 후방에 폭포가 있고 좌측 전방 바위에 사자가 앉아 있다. 이른바 '사자좌'에 올라타 있다. 그러나 사자 자체는 전통 회화와 분위기가 다르다. 좌측 상단에는 "이 사자도는 히라가 선생 비장의 만수보蠻獸譜에 실린 것으로, 세 상 사람들이 그리는 바와 다르다. 생각건대 만인蠻人이 묘사한 그림이다. 메이와明和 5년 무자戊子 중하仲夏, 소 시세키 그림"(원 한문)이라 적은 찬贊이 있다.

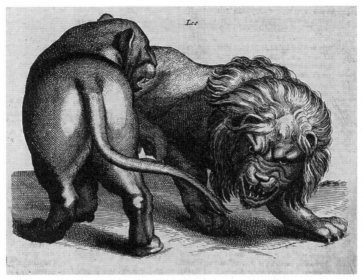

그림 2 『동물도보』(욘스톤, 와세다대학도서관 소장)

히라가 선생 비장의 만수보란, 겐나이가 자랑하는 욘스톤[32])의 『동물도보動物圖譜』이다. 『난학사시』에 따르면 겐나이는 이것을 용골龍骨(원시 거대 동물 뼈의 화석)과 교환하여 네덜란드 상관장 얀 카란스(Jan Crans)에게 입수했다고 한다. 또 시바 고칸『춘파루필기春波樓筆記』에는 "겐나이는 5, 60금 값인 욘스톤의 난서蘭書를 가재와 침구까지 팔아서 샀다"라고

---

32) 욘스톤은 폴란드의 박물학자 요하네스 욘스톤(Johannes Jonston, 1603~1675)을 가리킨다. 그의 저서『조수충어도보(鳥獸蟲魚圖譜)』는 유럽에 널리 알려졌으며, 일본에서도 네덜란드 상관장이 네덜란드어판을 막부에 헌상하였다. 쇼군 요시무네의 명으로 본초학자 노로 겐조(野呂元丈)가 초역하여『아란타축수충어화해(阿蘭陀畜獸蟲魚和解)』(1741)를 저술하였다.

적혀 있다. 당시로서는 일본뿐 아니라 세계적으로 정평이 난 도서였던 것 같다.

1987년 9월~10월에 '일본 박물학 사시事始'라는 전람회가 개최되었을 때 나는 소 시세키의 사자도를 욘스톤의 『동물도보』와 같이 볼 기회가 있었다. 시세키가 그린 사자는 그야말로 『동물도보』의 라이언이었다. 시세키·겐나이를 포함하여 당시의 일본인은 라이언의 실물을 볼 기회가 없었을 것이므로 『동물도보』의 라이언이야말로 가장 사실에 가까운 것이었다. "세상 사람들이 그리는 바와 다르다"는 구절에서 '진짜 라이언을 처음으로 그린 이가 바로 나'라는 시세키의 자부가 느껴진다. 신분을 뛰어넘어 겐파쿠·겐나이·시세키를 서로 이어 준 정신을 나는 거기서 확인하였다.

에도 사회가 맺어 준 지적 교류의 사례로 와타나베 가잔 (1793~1841)을 중심으로 결성된 '만사蠻社'에 대해 생각해 보자. '만사'란 '만학사중蠻學社中'의 약어로 서양학 연구 그룹을 의미한다. 1837년 표류민 송환을 위해 우라가浦賀에 온 미국 선박 모리슨 호를 이국선타불령(1825년 발령)[33]에 근거하여 우라가 부교가 포격하여 내쫓은 일에 대하여 가잔 등이 비판하

---

33) 이국선타불령(異國船打拂令)은 일본 연안에 접근하는 외국선을 포격하여 격퇴하는 법령으로 문정타불령(文政打拂令), 무이념타불령(無二念打拂令)이라고도 한다. 막부는 1806년 표류 선박에는 연료와 음료수를 지급하면서도 동시에 에도만과 전국 연안의 경비 강화를 명했다. 그러나 19세기 초엽 러시아 및 영국 상선의 통상 요구와 미국 포경선이 기항지로 삼아 접근하는 일이 빈번해지자 이국선타불령을 발포하게 되었다. 1842년 폐지.

였다는 이유로 막부의 탄압을 받은 사건(만사의 옥, 1839년)으로 유명하다.

사토 쇼스케[34])의 연구에 따르면 가잔을 중심으로 결당·결사가 이루어진 것은 아니지만, 서양 학술 지식을 둘러싸고 가잔 주변에 여러 방면의 사람들이 모였다는 것은 사실이다. 사토는 다음과 같이 여섯 가지 유형으로 나누고 있다.

제1류 와타나베 가잔을 위해 난서의 번역, 신지식을 제공한 양학자

- 다카노 조에이^{高野長英}(1804~1850) : 오슈의 미즈사와 다테^{水澤伊達}의 가신인 루스씨^{留守氏} 의사의 양자. 1820년에도 상경, 이어 나가사키 유학. 1830년 에도로 돌아와 개업의가 되었다. 1832년 무렵 가잔을 알게 됨.
- 고세키 산에이^{小關三英}(1787~1839) : 데와 쇼나이번 아시가루³⁵⁾의 차남. 에도에서 의학을 배워 1823년 센다이에 초빙되는데 나중에 재차 에도로 갔다. 1832년 기시와다번^{岸和田藩} 오카베가^{岡部家}의 시의가 됨. 가잔과 한 해 전에 알게 됨.

---

34) 사토 쇼스케(佐藤昌介, 1918~1997)는 양학사 전공의 일본근세사 학자로 도호쿠대학 교수를 역임하였다. 난학자에 대한 탄압으로 간주되던 '만사의 옥(獄)'을 막부 관료의 대립이라는 다른 각도에서 조명하였다.
35) 아시가루(足輕)는 발이 빠른 사람이란 뜻으로 평상시에는 잡역에 종사하고 전시에 도보로 뛰던 졸병이다. 에도시대에는 무사 계급의 최하위에 위치하였다.

제2류 가잔의 양학 지식을 존경하여 산하에 모여든 사람들

- 에가와 히데다쓰江川英龍(1801~1855) : 이즈伊豆 니라야마韮山의 다이칸. 처음에는 미토번水戶藩의 학자 하타자키 가나에幡崎鼎에게 양학을 배웠고 1837년 가와지 도시아키라川路聖謨의 소개로 가잔에게 배움.

- 하쿠라 모로치카羽倉用九(1790~1862) : 막부 다이칸. 에가와 히데다쓰와 같은 시기에 가잔에게 배움.

- 가와지 도시아키라川路聖謨(1801~1868) : 막부 간조카타[36]로 근무.

- 마쓰다이라 이세노카미松平伊勢守 : 생몰년·경력 미상. 하타모토, 2천 석. 만사의 옥 당시 쓰카이반[37]으로 근무.

- 마쓰다이라 나이키카쓰토시松平內記勝敏 : 생몰년·경력 미상. 막부 요리아이[38]로 석고 3천 석. 가잔에게 배운 것으로 생각됨.

- 시모소네 노부아쓰下曾根信敦(1806~1874) : 마치부교 쓰쓰이 마사노리筒井政憲(재직 1821~1841)의 차남. 당시 니시노마루코쇼구미[39]였으며 가잔의 문인門人으로 교류.

---

36) 간조카타(勘定方)는 막부나 번에서 금전 출납을 담당하던 관리이다.
37) 쓰카이반(使番)은 에도 막부의 직명으로 전시에는 전령사로, 평시에는 다이묘와 관원의 동정을 쇼군에게 보고하는 역할을 담당하였다.
38) 요리아이(寄合)는 에도 막부의 하타모토 가운데 봉록 3천 석 이상인 비직(非職)으로 와카도시요리(若年寄) 수하 소속 관직이다.
39) 니시노마루코쇼구미(西丸小姓組)는 에도 막부 쇼군 직속 친위대로, 에도성 니시노마루의 수비를 담당한 관직이다. 고쇼구미는 하타모토의 군사 조직으로 와카도시요리에 속한다.

- 다카미 센세키鷹見泉石(다다쓰네忠常, 1785~1858) : 고가
  번古河藩 가로家老로 이른바 난벽가蘭癖家로 교류.
- 고바야시 센지로小林專次郎 : 생몰년·경력 미상. 사쓰마薩摩
  번사.

제3류 문아文雅의 벗으로 나중에 가잔이 양학을 수학하자 이에
흥미를 가짐

- 엔도 쇼스케야스미치遠藤勝助泰通(1789~1851) : 기이번紀
  伊藩 유학자.
- 다치하라 교쇼立原杏所(1785~1840) : 미토번사. 가잔의
  화우畵友
- 아카이 도카이赤井東海(1787~1862) : 사누키 다카마쓰번
  유학자.
- 고가 도안古賀侗庵(1788~1847) : 막부 성당聖堂 소속 유학
  자.
- 아사카 곤사이安積艮齋(1791~1860) : 오슈 고리야마郡山
  신관의 아들. 1807년 에도로 나와 사토 잇사이佐藤一齋의
  학복學僕이 됨. 가잔은 1811년 19세 무렵 잇사이에 입문
  하면서 서로 알게 된 것으로 보임. 만사의 옥 무렵에는
  니혼마쓰번二本松藩 유학자.
- 모치즈키 우노케望月兎毛(1796~1852) : 마쓰에松江 번사로
  석고 5백 석.
- 쇼지 군페이庄司郡平 : 생몰년 미상. 마쓰에 번사로 석고

130석. 조에도구미쓰키定江戶組付.40) 나중에 양학 일등 조교가 됨.

제**4**류 처음에 다카노 조에이·고세키 산에이 등 직업적 양학자에게 배우고 난 뒤 가잔을 만나게 된 사람들

- 오쿠무라 기사부로 마스노부奧村喜三郞增贴41) : 생몰년 미상. 증상사 어령옥령42) 다이칸. 조에이에게 배우고 측량 기술을 수학.
- 우치다 야타로內田彌太郞(1805~1882) : 막부 이가伊賀 출신자로 에도성 경비 담당 중 택지 경비 담당.43) 수학인인 구사카 마코토日下誠에 입문, 이어 다카노 조에이를 사사.

---

40) 조에도(定江戶)는 조후(定府)라고도 하며 각 번의 무사가 에도에 정주하며 근무하는 것을 뜻하는데, 출신 지역이 아니라 에도에서 임시 모집으로 고용하는 경우가 많았다. 구미쓰키는 구미시(組士)라고도 하는데, 평시에 성내 경비를 담당한 가치구미(徒士組)나 고쇼구미(小姓組) 같은 조(組)에 속한 하급 무사를 뜻한다.

41) 원문에는 증지(增地)라고 되어 있으나 오기이다. 기사부로는 통칭이고 마스노부는 휘(諱)이다.

42) 증상사(增上寺)는 정토종의 대본산으로, 원래 광명사(光明寺)라는 진언종 사원이었으나 1393년 정토종으로 바꾸면서 사원의 이름도 바뀌었다. 1598년 도쿠가와 이에야스가 도쿠가와가의 보리사로 지정하였으며, 어령옥령(御靈屋領)은 도쿠가와 사람들의 묘소를 유지, 관리하기 위한 영지를 가리킨다. 일본어로는 '미타마야료'라고 읽는다.

43) 원문은 "루스이시하이 아키야시키반 이가모노(留守居支配明屋敷番伊賀者)"인데, 편의상 직무내용으로 번역하였다. 루스이는 쇼군 출행 시 에도성 경비를 담당하는 관직이며, 쇼군 알현이 가능하다. 그 산하에서 에도 성내 택지를 경비하는 관직이 아키야시키반이며 쇼군 알현의 권한이 없다. 이가모노는 이가(지금의 미에현 서부) 출신의 하급 무사 조직을 가리킨다.

1839년에 에가와 히데다쓰 다이칸의 데쓰키[44]가 되었으며 에도만 측량 담당.

- 모토키 미치헤이本岐道平 : 생몰년 미상. 막부의 가치[45]로 근무. 조에이와 산에이 옆에서 이화학理化學 연구.

제5류 다하라번 관계자

- 미야케 도모노부三宅友信(1806~1886) : 다하라田原 번주 미야케 야스토모三宅康友의 서자. 스가모巢鴨 별저에 살면서, 가잔의 권유로 난학서를 수집.
- 스즈키 슌잔鈴木春山(1801~1846) : 다하라번 의사. 병학에 뜻을 둠.
- 무라카미 노리무네村上範致(1808~1872) : 부친은 다하라번의 다이칸. 가독 계승 후 긴주에도즈메[46] 중 가잔을 알게 됨. 포술 수업을 위해 다카시마 슈한高島秋帆에 입문.

---

44) 데쓰키(手付)는 에도 막부의 군다이(群代), 다이칸, 지샤부교(寺社奉行) 등에 직속되어 사무를 담당한 관리이다.
45) 가치(徒士)는 도보로 행렬의 선도를 담당한 하급 무사 신분을 가리킨다. 116페이지 각주 참고.
46) 긴주(近習)는 주군의 측근에서 모시는 직무를 가리키며, 에도즈메(江戶詰)는 다이묘나 가신이 에도에 있는 번저에서 근무하는 것을 말한다. 노리무네는 도모노부의 긴주가 되어 에도에서 재직 중에 가잔의 가르침을 받았다.

제6류 그 밖의 사람들

- 하타자키 가나에幡崎鼎(1807~1842) : 나가사키에서 네덜란드인의 비서나 하인으로 일함. 나중에 오사카에서 난학숙을 열었으며, 에도로 상경하여 미토번에 근무. 가잔을 알게 되어 차츰차츰 난학서 번역 의뢰를 받음.

- 사토 노부히로佐藤信淵(1769~1850) : 데와 오가치군雄勝郡 니시모나이무라西馬音内村 출신. 에도에서 우다가와 겐즈이宇田川玄随에게 난학을 배움. 가잔과의 관계는 농사에 한정된다고 함.

- 마쓰모토 도기조松本斗機藏 : 생몰년 미상. 하치오지八王子 주변지역 치안 등 담당 조장.[47] 30섬俵 1인 후지扶持. 에가와 히데다쓰와도 친밀하였음. 해방海防 문제에 정통하여 1837년 미토 나리아키齊昭에게 『헌근미충献芹微衷』을 바침.

- 오쓰카 도안大塚同庵(1795~1855) : 막부 후신야쿠[48] 나가사키에서 의학 수학 후 에도에서 개업.

---

47) 원문은 '하치오지 센닌도신구미가시라(八王子千人同心組頭)'. 하치오지 센닌도신은 막부 직제의 하나로 막부 직할령인 무사시(武蔵) 다마군(多摩郡) 하치오지에 배치된 후다이하타모토(譜代旗本) 및 그 배하의 후다이도신(譜代同心)을 가리킨다. 도신은 서무와 경찰 임무를 맡은 하급 관리이다. 구미가시라는 조장을 뜻한다. 이들의 임무는 다양한데 닛코근번(日光勤番), 고슈가도(甲州街道) 등의 경비, 에조치(蝦夷地) 경호 및 개척, 하치오지 및 주변 지역의 치안 유지 등이다. 10명의 조장이 각각 100명을 통솔하였다.

48) 후신야쿠(普請役)는 다이묘·무사·영민 등에게 부과된 축성, 사사·궁전의 조영, 가옥·하도 수리 등의 부역을 가리킨다.

- 이와나 쇼잔岩名昌山 : 생몰년·경력 미상. 반초[49])의 서양
  의였다고 함.
- 사이토 야쿠로齋藤彌九郎(1798~1871) : 엣추越中 이미즈군
  射水郡 붓쇼지무라佛生寺村 출신. 에도에서 검술을 수학하
  고, 도장 개업. 에가와 히데다쓰와 검술 동문으로 친교가
  있었고, 에가와 다이칸의 데다이[50])가 됨.

이렇게 열거해 보니, 만사를 결성한 사람들은 다이묘의 서
자, 막부의 하타모토, 제번의 번사, 민간 의사, 농민 출신으로
보이는 인물 등 신분이 실로 다양하다. 출신 계층을 보아도
다카노 조에이는 센다이 다테가의 배신陪臣 출신, 고세키 산
에이는 쇼나이번 아시가루, 가와지 도시아키라는 막신이면서
쇼군 알현 자격이 없는 시하이간조,[51]) 아사카 곤사이는 오슈
고리야마의 신관(아마 소지주였을 것이다), 오쿠무라 기사부
로는 증상사령의 다이칸, 우치다 야타로는 막부의 이가모노,[52])
무라카미 노리무네는 다하라번 다이칸, 하타자키 가나에는 나
가사키 네덜란드인의 시중꾼, 사토 노부히로도 농촌의 의사 집
안이라 여겨진다. 하치오지 센닌도신인 마쓰모토 도기조 역시

---

49) 반초(番町)는 에도 중심에 있던 지명이다.
50) 데다이(手代)는 군다이(郡代)·다이칸 밑에서 세금 징수 등 잡무를 담
   당한 관리를 가리킨다.
51) 시하이간조(支配勘定)는 에도 막부의 관직명으로, 간조부교에 소속되
   어 막부의 재정과 영지(所領)의 조사를 담당하였다.
52) [원주] 이가 닌자(伊賀忍者)로 유명하지만, 에도 성내 택지나 산장 등의
   경비를 담당한 하급 무사.

쇼군 직속 가신 신분이며, 이는 종종 가부[53]로서 매매되었기에 마쓰모토 가문도 어쩌면 원래 (이웃의) 서민으로 도신가부를 샀던 것인지도 모른다. 이와나 쇼잔도 민간 의사이며, 사이토 야쿠로도 나중에 다이칸 데다이로 고용된 것을 보면, 무사 신분이 아닌 농민이다.[54] 요컨대 사토 쇼스케의 연구에서 언급된 사람들의 반 이상은 무사로서도 아주 낮은 계층이거나 농민 출신이다.

그러나 한편으로는 번주의 서자인 미야케 도모노부를 비롯하여, 마쓰다이라 이세노카미·마쓰다이라 나이키는 하타모토로 상층이다. 시모소네 노부아쓰도 마치부교의 차남으로 고쇼구미小姓組면서 중견 하타모토이고 다카미 센세키는 번의 가로이다. 이들은 상층 무사에 속한다.

만사는 이렇게 넓은 계층에서 신분을 넘는 사람들의 모임이며 난학이라고 했지만 지식의 내용을 보면 상당히 폭넓은 사람들이 교제하였다. 물론 이들이 결코 신분적 제약에서 자유롭지는 못했다. 그러나 19세기 초 에도 사회에서 지적 욕구를 가진 사람들이 모여 교제하는 장이 존재한 사실은 일본 문화사에서 차지하는 의미가 작지 않다.

와타나베 가잔은 또 다키자와 바킨瀧澤馬琴(1767~1848)과도 친교가 있었다. 바킨 역시 교제 폭이 매우 넓은 데다가 정성껏

---

53) 가부(株)란 특정의 신분이나 지위 또는 직업상·영업상의 권리와 의무를 동반하는 자격을 가리키는데 세습과 판매도 가능했다.

54) [원주] 무사들은 데다이가 아니라 다이칸 데쓰키로 고용된다.

기록을 하였다. 그가 1802년부터 1840년 무렵까지 기록한「다 키자와가 방문왕래인명부瀧澤家訪問往來人名簿」(와세다대학도서 관 소장)를 모리 센조[55]가 소개하였다. 이를 지역으로 정리해 보면 다음과 같다.

> 에도 69인(제번의 번사 에도 근무자를 포함)
> 교토 9인, 오사카 4인, 이세 4인
> 오와리 5인, 미카와 2인, 도토우미 1인
> 에치고 2인, 센다이 4인(단, 에도 근무자)

역시 에도가 훨씬 많지만, 교토나 오사카에서 도카이도東 海道까지 상당수이다. 이를 판명 가능한 신분·직업별로 보면 다음과 같다.

막신

다이묘는 없다. 고칸[56]·요미혼 작가로 유명한 류테이 다네 히코柳亭種彦(1783~1842)의 본명은 다카야 히코시로토모히사 高屋彦四郎知久. 그의 가문은 2백 석으로 봉록은 적지만, 가이甲斐 무라타씨武田氏의 구신舊臣으로 도쿠가와씨의 하타모토가 되어,

---

55) 모리 센조(森銑三, 1895~1985)는 일본의 서지학자로 도쿄제국대학 사 료편찬소에서 근무하였다. 근세부터 근대 인물의 전기와 서지를 연구하 여 알려지지 않았던 다수의 인물을 발굴하였다.

56) 고칸(合卷)은 통속 소설인 구사조시의 일종이다. 5정(丁) 1책이었던 이전의 기뵤시(黃表紙)가 풍자나 해학적인 내용보다 복수물 등으로 바뀌면서 줄거리가 복잡해지자 몇 책을 합하여 장편화해서 판매하게 되었는데, 이를 고칸이라 불렀다. 장편은 수십 책이 되기도 했다. 주된 내용은 복수물 외에도 교훈, 괴담, 정사, 고전 번안 등 다채로워 독자에게 환영받았다.

그의 부친까지는 대대로 번사로 일했다. 곤도 세이사이近藤正齋 (주조重藏, 모리시게守重, 1771~1829)는 회계 담당 하급 관리로 낮은 신분 출신이지만, 에조치蝦夷地 탐험에 활약하여 이름을 높였으며 나중에는 쇼모쓰부교[57]로서도 문화사에 남을 업적 을 쌓았다. 이들을 포함하여 명부에는 8명이 적혀 있다.

번사

비슈[58]·센다이·다카마쓰 마쓰다이라高松松平·도도藤堂(쓰번津 藩)·이케다 간잔(와카사번) 등 12 가신에 이른다. 그중에 센다 이번 에도 반가시라番頭 다다노 이가쓰라요시只野伊賀行義의 처 마쿠즈眞葛(1763~1825)는『적하이풍속고赤蝦夷風俗考』로 알려진 구도 규케이工藤球卿의 장녀로 바킨을 사사했다. 바킨은 다다노 쓰라요시와 아들 즈쇼圖書, 또 그 누이와도 교제하였다. 기무라 모쿠로木村黙老(1774~1856)는 사누키 다카마쓰번 번사로, 사카 이데坂出 염전 개발 등 번 재정 재건에 활약하였고 동시에 학 문·회화·검법에 뛰어났다. 그밖에 유학자·시인·화가(중국풍 회화·풍속화)·호사가 등 다방면의 문예와 취미를 가진 무가의 내방이 기록되어 있다.

---

57) 쇼모쓰부교(書物奉行)는 1639년에 개설된 에도 성내 모미지야마(紅葉 山) 문고의 도서를 관리한 관직으로, 와카도시요리의 지배를 받았다.
58) 비슈(尾州)는 지금의 아이치현(愛知縣) 서반부에 있던 오와리국의 별 칭이다.

기타

여러 가문의 봉공인으로는 하타모토·공가의 가신·도에이잔[59]의 가신·막부의 다다미 직인[60] 등의 이름이 보인다.

그밖에 직업으로는 화가가 많다. 앞에서 서술한 소 시세키 부자의 이름도 내방자에 보인다. 와타나베 가잔의 회화 스승인 가네코 긴료金子金陵를 비롯하여 다니 분초谷文晁 문하 사람들과의 교제가 주목된다. 풍속화가도 다수인데, 안도 히로시게安藤廣重(1797~1858)나 그의 스승인 우타가와 도요히로歌川豊廣(1773~1830)와도 면식이 있었다. 유학자는 야마모토 호쿠잔山本北山(1752~1812) 부자와 가메다 호사이龜田鵬齋(1752~1826) 부자의 이름도 실려 있으며, 도조 긴다이東條琴臺(1795~1878)와는 가잔의 소개로 만났다.

국학자는 모토오리 노리나가의 양자 오히라大平(1756~1833), 이세신궁의 신관 아라키다 히사오유荒木田久老(1746~1804), 히라타 아쓰타네平田篤胤(1776~1843)와 그 제자 가와사키 시게타카川崎重恭(1798~1832) 등이 있다. 다만 바킨은 이세에 가서 히사오유를 방문했지만 그가 신슈 여행 중이라 만나지 못했다. 또 아쓰타네에게는 호감을 갖지 않았던 것 같다. 마쓰자카松坂의 호상으로 노리나가 문하의 도노무라 사고헤이쇼사이殿村

---

59) 도에이잔(東叡山)은 지금의 도쿄 우에노(上野)에 있는 관영사(寛永寺)의 산호(山號)이다. 관영사는 천태종의 총본산으로 도쿠가와가의 기도소·보리사이다.
60) 다다미 직인은 에도성에서 사용하는 다다미(짚과 돗자리로 만든 깔개)를 전담하는 직인으로 '어첩대공(御疊大工)'이라 불렀다.

佐五平篠齋(1779~1847)와 바킨은 친교가 있었다. 마찬가지로 마쓰자카의 호상 오즈 세이자에몬小津淸左衛門의 별가 오즈 게이소小津桂窓(신조新藏・히사타리久足, 1804~1858)도 노리나가의 아들 하루니와春庭의 문인이며, 바킨과 교제하였다.

의사와도 교유했는데 직업에 관련해서라기보다 시문・희문戲文 등의 취미를 둘러싼 사이였던 것 같다. 조금 유별난 사람으로는 에치고 시오자와鹽澤의 의사 구로다 겐카쿠黑田玄鶴가 있는데, 히라가 겐나이를 뒤이어 화완포火浣布를 제작했다고 한다. 또 스기타 하쿠겐杉田伯元(1763~1833)은 서양의로, 오슈 이치노세키번一關藩의 의사 다테베 세이안建部淸庵의 아들이다. 에도에서 태어나 스기타 겐파쿠 문하에 입문하였다. 나중에는 그의 양자가 되어 양부의 뒤를 이어 오바마 사카이가酒井家의 의사가 되었다.

그 밖에 이치카와 베이안市河米庵(1779~1858) 같은 서예가, 오쿠보 시부쓰大窪詩佛(1767~1837) 같은 한시인, 심학자 오마치 교쿠센小町玉川(1838년 몰), 혹은 라쿠고의 다테카와 엔바立川焉馬(1743~1822)・하야시야 쇼조林屋正藏(1781~1842), 교카시[61]・희작자・하이카이시・전각가・신관・승려 등등, 교제의 깊고 얕음은 제쳐두고라도 매우 다종다양한 사람들이 바킨을 방문하였다.

바킨 주위에는 가잔의 '만사' 동료들처럼 사명감이나 비판

---

61) 교카시(狂歌師)는 교카를 직업으로 삼은 사람을 가리킨다. 교카란 일상의 비근한 일을 소재로 속어를 사용하여 해학과 풍자를 담은 정형시이다.

정신은 그다지 보이지 않았다. 그가 야마자키 요시시게山崎美成
(1796~1856) 등과 1825년에 결성한 '토원회兎園會'에 잘 드러
나듯이 호사·탐기耽奇의 잡학자가 바킨을 중심으로 군집하였
다고 해도 좋을 것이다. 아마도 바킨 주변에 모여든 사람들은
제각기 다른 지식인들과도 교제하였을 것이다. 이렇게 해서
18세기 후반 이후 에도에는 다양한 지식인의 소규모 집합이
나타났다고 짐작할 수 있다.

　지식인의 교류는 에도만이 아니라 지방에서도 확산되었다.
바킨의 교우도 앞서 서술한 대로 교토·오사카·나고야·이세
에서 도카이, 더 나아가 에치고까지 걸쳐 있다. 에치고 시오
자와의 스즈키 보쿠시는『북월설보』저자로 유명한데, 바킨과
의 친교 외에도 산토 교잔·오타 난포大田南畝 등과도 친밀하였
다. 간세이 세 기인의 한 사람으로 꼽히는 가모 군페이蒲生君平
(1768~1813)도 바킨의 명부에 실린 사람이다. 그의 가업은
우쓰노미야宇都宮의 기름 장사인데,『산릉지山陵志』를 편찬할
목적도 있어서 동서 각지를 여행하면서 식자들과 교류하였다.

　앞장에서도 언급하였지만, 경제적 성장을 이룬 지주·호농
층이 삼도(에도·교토·오사카)를 비롯한 다른 지역과 문화적
접촉 기회를 갖게 되었다. 상품 유통과 교통의 발달이 그런
기회를 촉진하였다. 지방에서 에도 등지로 유학하는 사람도
드물지 않게 되었다. 문인 묵객의 여행도 활발해졌다. 스가에
마스미菅江眞澄(1754~1829) 같은 이는 1781년 28세에 고향인

산슈[62] 오카자키^{岡崎}를 떠난 이래, 1829년 76세로 데와 가쿠노다테^{角館}에서 사망할 때까지 48년 동안 신슈에서 오우, 에조치에 이르기까지 여행을 이어가면서 관찰한 기록을 남겼다.

앞에서 근세 후반기가 되면 영세한 서민층에도 매우 강한 지식 향상 의욕이 있었다고 지적하면서 근세 일본 문화의 넓은 저변을 서술하였다. 그 위에 신분적·지역적 제약을 뛰어넘은, 지식 시민이라 부를 만한 층이 형성되어 새로운 문화를 지향하고 있었다는 사실에 주목할 필요가 있다.

---

62) 산슈(三州)는 미카와의 이칭이다.

3.5 외래문화의 수용

해외에서 들어오는 지식 정보는 지적 시민층의 교류를 재촉한 큰 조건으로서 중요한 위치를 차지한다. 『해체신서』 번역을 둘러싼 스기타 겐파쿠의 사중, 와타나베 가잔을 중심으로 하는 '만사' 등 모두 서양의 학술 정보가 모체가 되어 모인 사람들이다.

쇄국 상황에서도 일본은 결코 문화적으로 고립한 상태가 아니었다는 것은 앞에서 '일본적' 문화 형성을 서술하면서도 논하였다. 특히 중화 대륙에서 받은 영향은 지대했는데, 불교에서는 황벽종 도래를 비롯하여 선종계 쇄신에 다대한 영향을 끼쳐 선의 '일본화'를 가져왔다. 유교에서는 미토학이나 고증학파 형성에 깊게 관계하여, 오규 소라이도 명의 이반룡李攀龍·왕세정王世貞의 저서를 접하고 고문사학에 눈을 떴다. 회화에서는 사생화·문인화 발생에 크게 영향을 끼쳤다. 그 밖에 다방면의 문화에 중화대륙의 영향이 보이는데, 특히 난학에 앞서 과학 기술 방면의 학문적 기초를 조성하였던 사실을 간과해서는 안 된다.

스기타 겐파쿠는 『난학사시』에서 "건국 초기 전후 서양에 대해서는 여차여차해서 모두 엄격하게 제한령을 내렸다. 그래서 도해가 허가된 네덜란드조차 그 나라의 통용 문자와 읽고 쓰기가 금지되자 통역관도 그저 가타카나로 써서 남길 뿐이고, 통역도 자기 입으로만 기억하여 제대로 못한 채 오랜 세월이 지났다. 이러니 누구 한 사람 그 나라 문자 읽기를 익히고자 하는 사람이 없게 되었다"는 상황이라며, 8대 쇼군 요시무네 대에 와서야 대통사大通詞 니시 젠자부로西善三郎·요시오 고규吉雄耕牛 등이 막부에 청원하여 비로소 네덜란드어 읽기가 허가되었다고 적고 있다. 그러나 이것은 오류로 네덜란드 통사는 일찍부터 회화뿐 아니라 이른바 네덜란드어 독서에도 성의를 다하도록 명을 받았던 사실이 밝혀졌다.

막부 초기 이래 서양어 책에 대한 금지령도 나오지 않았다. 아마도 통사 이외에 읽을 수 있는 사람도 없고, 입수할 기회도 거의 없었기 때문에 금지령을 내릴 필요도 없었을 것이다. 그러나 '금서령'은 있었다. 한문으로 번역된 서양서의 수입 금지령이 1630년에 나왔다. 바로 "유럽인 이마두 등이 지은 30종의 서적과 기독교 교화 서적"의 박래 금지령이다. 유럽인 이마두利瑪竇는 명말 이탈리아인 예수회 선교사 마테오 리치 (Matteo Ricci, 1552~1610)의 중국 이름이다. 그를 시작으로 많은 선교사가 와서 포교 활동의 일환으로 서양서를 한어로 번역했다. 종교와 관련한 책뿐 아니라 과학 기술서도 한역하였다. 한적이라면 일본 지식인도 읽을 수 있기 때문에 막부 당국은 신경이 곤두서서 금서령을 내렸다. 더욱이 3대 쇼군 쓰나요시 때인 1685년에는 검열을 강화하여 기독교와 조금이라도 관련된 문구가 있는 책은 태워버리든지, 먹을 칠해 반송하고 동시에 그 선박의 상매를 금하는 경우도 있었다. 그야말로 문화적 쇄국이다.

금서 중에는 선교사가 번역했을 뿐 기독교와 관계가 없는 책도 들어가 있었다. 예를 들면 『기하원본幾何原本』은 유클리드 기하학이므로 기독교와 무관한 책인데도 금서에 포함되었다. 이런 실정에서 누가 움직였는지는 분명하지 않지만 8대 쇼군 요시무네 때인 1720년 금서령은 대폭 완화되어, 기독교 포교서를 제외하고는 책 속에 기독교를 언급하는 문장이 들어갔더라도 수입이 허락되었다. 이것이 이른바 '양서의 해금'으로 엄밀하게 말하면 한역양서 수입 제한 완화이다. 일설에 따르면 교토 긴자銀座의 나카네 겐케이中根元圭(1662~1733)가 천문·역학曆學에 밝다고 하여 이 방면에 관심이 많았던 쇼군 요시무네에게 불려 가는데, 그가 서양 역학의 뛰어난 점을 설명하고 쇼군에게 금서 완화를 권했다고 한다. 그러나 겐케이가 막부에 고용된 것은 1727년이므로 쇼군에게 손을 쓴 사람이 겐케이일 리는 없다. 겐케이가 불려 나가기 전년, 막부는 청나라 매문정梅文鼎 의 『역산전서曆算全書』를 수입했다. 이 책은 내용상 금서령에 저촉되는 부분이 있었지만 역학상 유익하다는 이유로 수입을 허가하고 겐케이에게 일본어로 새기게 하였다. 따라서 금서령 완화와 나카네 겐케이의 관계는 오히려 반대로 완화의 결과 그가 활동할 장이 마련되었다고 봐야 한다.

이토 다사부로[63]의 연구에 따르면 이 새로운 정책은 이후

---

[63] 이토 다사부로(伊東多三郎, 1909~1984)는 일본사 학자로 오쿠라(大倉) 정신문화연구소를 거쳐 도쿄제국대학 사료편찬소에서 근무하였다. 『대일본근세사료(大日本近世史料)』편수에 종사하였고 에도시대의 정치, 사상, 문화 등 폭넓게 연구하였다.

때때로 철저하지 않았던 것 같지만 완화 효과는 전반적으로 상당했다. 난학자라고 하더라도 역시 서양어보다는 한문이 읽기 쉬웠을 것이며 네덜란드어 문헌을 직접 사용하게 된 이후에도 한역 양서는 활발하게 이용되었다고 한다.

금서령 대상이 되었던 책도 엄격한 금지망을 빠져나온 일부는 해금 대상에 들어갔던 것 같다. 예를 들면 오규 소라이는 1726년 7월 오와리번 번사 쓰다 다유津田大夫에게『기인십편畸人十篇』을 빌려 보았다. 이 책은 이마두가 지었으며 1608년의 서序가 있다. 열 가지 주제를 설정하여 문답체로 교의를 설명한 내용으로 당연 해금의 대상 외였다. 소라이는 이를 필사하여 발문을 적었다.

발문에 따르면 쓰다가 어떻게 입수하였는지는 분명하지 않지만, 우연히 이 책을 얻어 무슨 책인지 잘 몰라 소라이에게 보여 주었다. 소라이는 이것을 읽고 처음으로 기독교의 교리를 알게 되었다. 그래서 엄중한 금서 정책을 담당자 잘못이라 비판하면서 세상 사람들이 제멋대로 억측하면서 도리를 말한다고 탄식하였다.『정담』권4에서 "기독교 서적을 보는 사람이 없기 때문에 그것이 어떤 종교인지 아는 사람이 없다. 유도·불도·신도도 잘못 설교하면 의도와 달리 기독교 교리로 바뀔지도 모른다"라며, 막부의 서고에 있는 기독교 서적을 유학서와 함께 읽기를 쇼군에게 진언한 것은 이와 관련된다고 하겠다. 다만 소라이가 기독교관을 어떻게 수정했는지는 알 수 없다.

한역 양서 이외의 한적으로 일본 과학 기술의 기초를 다지는

데 유효했던 것도 적지 않다. 후술하는 송응성宋應星의 『천공개물天工開物』도 그중 하나이다. 그 이상으로 영향력이 컸던 책은 이시진李時珍의 『본초강목』(1578)이다. 일본에서 일찌감치 이 책에 주목한 사람은 하야시 라잔林羅山(1583~1657)이다. 그는 이 책을 1608년 나가사키에서 입수하여 도쿠가와 이에야스에게 헌상했다. 한 걸음 더 나아가 그는 1630년에 이를 초출抄出하여 일본어로 훈점을 달아 『다식편多識篇』이라 제목을 붙여서 고활자본으로 간행하고 이듬해에는 목판본으로 출판하였다. 본초학은 어느 한 분야로 제한된 학문에 그치지 않고, 머지않아 발전할 일본 과학 기술의 기초를 쌓는 데 큰 역할을 하였다. 『다식편』이라 이름을 붙인 데서 라잔의 견식이 엿보인다.

그 후 가이바라 에키켄은 1672년 『교정 본초강목校正本草綱目』을 간행하였고, 1708년에는 『대화본초大和本草』를 저술하였다. 이것은 한적에서 얻은 지식을 기초로 하면서도 일본 국내에서 자신이 관찰한 경험을 다분히 활용하여 독창성을 가진, 일본 본초학의 획기적인 업적이었다. 본초학은 이후 영주 측의 식산흥업 정책과 이어져 이노우 자쿠스이稲生若水(1655~1715)·니와 쇼하쿠丹羽正伯(1691~1756) 사제師弟에 의한 『서물류찬庶物類纂』 1천 권이 편찬되었다. 뒤이어 막부는 1735년부터 전국의 동식물·농작물을 조사하여 『제국산물장諸國産物帳』 편찬이라는 대사업을 수행하였다. 아베 쇼오阿部將翁(1650~1753)·우에무라 사헤이지植村左平次(1695~1777)·다무라 란스이田村藍水(1718~1776) 등 막부의 채약사採藥師가 실시한 제국의 약물 조

사와 약종 재배는 이윽고 란스이의 제자 히라가 겐나이의 산업
기술 개발로 발전하였다. 본초학이 의학의 발전에 공헌했음은
말할 것도 없다.

『본초강목』에 필적하는 영향을 끼친 수입 한적은『농정전
서農政全書』이다. 편자는 명말의 재상 서광계徐光啟(1562~1633)
인데 그의 사후 1639년에 간행되었다. 그는 마테오 리치와 친
교가 있었으며 기독교 신자로 세례명은 백록伯祿(Paolo)이었다.

그와 이마두의 공역인『기하원본』은 금서령 완화까지는 금
서에 포함되었는데,『농경전서』는 그가 유럽인이 아니기 때문
이었는지 금서령의 대상이 아니었다. 그뿐 아니라 이 책 속에는
금서의 하나인 웅삼발熊三拔(Sabbathins de Ursis) 저『태서수법
泰西水法』(1612년 간행)을 수록하고 있다. 이것은 유럽의 치수
토목 기술서인데, 웅삼발은 이마두와 마찬가지로 기독교 선교
사였기 때문에 금서가 되었다. 서광계는 이 책에 "옛날 조물주
가 천지만물을 지으시매, 대장大匠이 궁실宮室과 기용器用을 짓는
것과 같다"(원 한문)라는 서문을 붙였다. 그야말로 기독교의
천지창조설이지만 교호기에 금지가 풀렸다. 또 이 책은『농정
전서』에 포함되어 이미 수입되었으며, 게다가 단독으로도 1664
년 당시 오사카 조반[64] 이타쿠라 시게노리板倉重矩(1617~1673)
가 오사카의 학자 마쓰시타 겐린松下見林(1637~1703)에게 명하
여 사본에 일본어 훈점을 달게 했다고 한다.

---

64) 조반(定番)은 에도 막부의 직명으로, 로주의 지배 아래 오사카와 스루
가성(駿河城)에 주재하면서 일정 기간 동안 성을 경호하였다.

어찌 됐든『농정전서』는 17세기 말 겐로쿠 무렵에는 일본에 건너왔다. 미야자키 야스사다^{宮崎安貞}(1623~1697)의『농업전서』(1697년 간행)는 이 책의 영향이 크다. 겐로쿠기의 경제 발전은 농업 기술 개량에 힘입은 바가 크며, 당시 농업 기술서가 다수 저술되는 것도 이와 관련이 깊다.『농업전서』는 겐로쿠기의 대표라 할 만한 농학서이다.『농정전서』는 이 책에만 영향을 준 것이 아니다.『농정전서』를 언급한 저서는 적지 않으므로, 17세기 말부터 18세기 초에 걸쳐 일본의 산업 경제에 크게 공헌한 책이라 하겠다.

이렇게 수입 한적은 서양어 서적보다 먼저 일본인이 과학 기술에 관한 기초를 쌓는 데 기여하였다. 서양어가 읽히게 된 후에도 적지 않게 참고가 되면서 메이지에 이르렀다. 쇄국 아래 외교 문화를 생각할 때 한적의 역할을 무시할 수 없다. 일본 근대화에 지대하게 공헌하였다.

스기타 겐파쿠는 만년에 저술한『난학사시』에서 동료들과 함께 1771년 시체 해부를 보고 네덜란드 해부서의 번역을 시작한 뒤, 40여년간 난학이 현저하게 발달한 것을 회고하면서 다음과 같이 말하였다.

> 내 처음 생각하길 이 학문이 지금처럼 활발해져 이처럼 열릴 것이라고는 일찍이 상상하지도 못하였다. 내가 재주가 부족해 선견지명이 없었기 때문이다. 지금 돌아보면 한학은 문장을 꾸미는 글인 까닭에 더디게 트인다. 난학은 사실을 사전에 있는 그대로 기록하므로 빨리 받

아들일 수 있고 빨리 깨우칠 수 있다. 또 실은 한학으로
사람의 지견이 트인 후에 나왔기 때문에 그렇게 빠른 것
인지도 모른다.

나는 단연 후자라고 생각한다. 특히 근세 유학이 보급된
기반 위에 수용되었기 때문에 난학은 급속하게 발달한 것이다.
근세 일본 지식인의 기초 교양은 유학이었다. 혹은 사상성은
좀 희박했기 때문에 겐파쿠 말대로 한학이라 표현하는 편이
적절할 지도 모르겠다. 이런 경향은 막말에 태어나 메이지에
활약한 사람들에게까지 공통된다.

내가 들어서 아는 범위에서도 메이지기 의사 중에는 후세의
문학부 학생보다 한적 교양이 훨씬 풍부했던 사람들이 적지 않
다. 한자어 어휘가 풍부해서 그런 사람들이 번역한 문장은 지
금 봐도 매우 어렵다. 어찌 됐든 일본인에게 한학과 난학 혹은
양학은 지극히 깊은 관계를 가지면서 메이지로 나아갔다. 바로
그 점에서 일본인이 서양 근대 문화를 수용한 형태의 특성이
생겨났다.

3.6 새로운 격물궁리

앞에서 유교의 '일본화'에 대해 서술하였다. 근세에 들어 서민층에 현저하게 보급된 것과 아울러 일본 독자의 학파 발생을 논하고 특히 절충 고증학 경향이 두드러졌다고 지적하였다. 여기서는 조금은 다른 시점에서 일본 근세 유학의 특색을 난학·양학의 관계에서 논하고자 한다.

에도시대의 학자를 스모에 견준『학자각력승부부평판學者角力勝負附評判』이라는 것이 있다. 근세에 유행한 가부키 배우나 유녀의 평판기를 본뜬 것이다. 간행 연도는 알려지지 않았지만 순위표에 "겐로쿠 중반부터 덴메이天明 8년까지, 일본박사서적원日本博士書籍院의 각력 흥행"이라고 되어 있어, 1788년 무렵에 나온 것 같다. 거기에 무로 규소(1658~1734)를 아오키 곤요[65]와 나란히 놓고 "두 사람 모두 실용적인 학문과 풍류에 뜻이 높아 경의經義에 얽매인 선생들과 같이 놓고 논하기 어렵다"라고 평하고 있다.

이 평판을 무로 규소가 들었다면 짐짓 불복했을지도 모르겠다. 그는 고학파가 나날이 활발해지는 풍조 속에서 오직 홀로 정통파 주자학자라 자임하고 있었다. 그는 막부의 유학자로

---

65) 아오키 곤요(青木昆陽, 1698~1769)는 에도 중기 유학자이자 농학자이며 난학을 공부하기도 하였다. 이토 진사이의 아들인 도가이(東涯)를 사사하였다. 1735년 구황 작물인 감저(甘藷) 재배를 권장한『번저고(蕃藷考)』를 지어서 전국의 감저 재배에 큰 공헌을 하였으며, '감저 선생'이라 불렸다. 1739년에는 막부의 쇼모쓰부교(書物奉行)가 되었고, 경제와 네덜란드어 관련 서적도 저술하였다.

일하며 8대 쇼군 요시무네에게 등용되었다. 다만 요시무네의 수강 태도는 형식적일 뿐 완전히 건성이어서 규소는 제자들에게 강한 불만을 터뜨렸다. 그 대신 요시무네는 규소의 한적 지식을 구체적인 시정에 활용하려고 했다. 봉록제·양자제養子制 혹은 관위와 가격家格, 참근과 기타 쇼군의 자문에 대한 규소의 답신은 『헌가록獻可錄』이란 책에 정리되어 있다.

실용 학문이라 해도 곧바로 실무에 유효한 지식이나 기술은 아니다. 다만 근세 중기 이후 학문은 우주의 본체라든지 도덕의 근본이라는 추상적인 관념 철학보다는 고전에 입각한 주석이나 사물의 고증 등 구체적·실증적 분야로 전개되었다. 그것은 꼭 권력자 측의 시정상 요구만은 아니었다. 앞에서 서술하였듯이 근세 유학은 절충적인 경향이 압도적이다. 주자학에 관학 정통의 권위가 부여되었음에도 불구하고, 많은 학자가 한당의 훈고학을 병립시키려 했던 까닭은 주자의 관념 철학이 만족스럽지 않아서일 것이다. 오히려 그런 근원적인 사고에 근세 일본의 지식인이 익숙해지지 못했다고 할 수 있지 않을까.

일례를 들면, 물리학이라 하면 오늘날에는 누구라도 자연 과학의 기본적 학문을 떠올린다. 이것은 physics의 번역어로 아마도 막말이나 메이지 초기에 일본에서 만들어진 용어일 것이다. 그 출전은 유학에서 말하는 격물궁리에서 찾을 수 있다. 그러나 유학의 경우 물리란 오늘날 이야기하는 윤리 도덕에 속한다. 요컨대 '물'이란 말에는 물질이란 의미도 있지만, 유학 특히 주자학에서 말하는 '물'은 단순한 물질을 의미하지 않는다[66].

이치카와 야스지[67]의 견해에 따르면 "그것은 단순한 사고의 대상으로서 인간의 지식욕을 만족시키기 위해 언급되는 사물이 아니다. 사람의 생활에서는 비록 무의식중이라도 어떤 관계가 감득되거나 혹은 직접적인 관계를 가지면서, 이해득실─물질적 혹은 정신적으로도─의 작용을 하는 경우, 그런 경우에만 물이 물로서 사고된다." 또 비토 마사히데도 " '물'이라 해도 객관적으로 존재하는 물질이나 물체가 아니라, '사事' 즉 인간 행위의 장에서 발생하는 일을 가리킨다"라고 해석한다.

요컨대 사회적 존재로서 인간이 어떤 행동을 할 때 자기와 접촉하는 외적, 특히 사회적 사물을 '물'이라 부른다. 따라서 '물리'란 대상과 자기의 관계가 올바르고 이상적인 양태라고 생각해도 좋을 것이다. 주자학에서는 인간의 도덕을 자연계의 법칙이나 질서와 연결하여 설명한다. 또 '일목일초一木一草의 이理'라 하여 자연물에도 존재하는 이를 하나하나 규명하는 것을 지향하지만 '격물궁리'가 자연 과학은 아니다. 그런데 일본에서는 그것이 언제부터인지 물질이 가진 원리나 법칙성을

---

66) 주자학에서 말하는 '물'개념에 대해서는 와타나베 히로시, 김선희·박홍규 역『일본 정치사상사 17세기~19세기』제6장 참조. '격물'의 '물'이며 "이기급물인야 추기급물서야(以己及物仁也. 推己及物恕也)"(『논어집주』「이인(里仁)」제15장)의 '물'이다. 즉 나 이외에 나의 앎과 행동의 대상이 되는 모든 것을 가리킨다.

67) 이치카와 야스지(市川安司, 1910~1997)는 일본의 중국 철학자로 도쿄대학 교수를 역임하였다. 1962년「정이천 철학의 이 연구(程伊川哲學における理の硏究)」로 박사 학위를 취득하였다.

규명하는 학문이라는 경향으로 바뀌면서 도덕 철학의 측면이 희박해져 버렸다.

중국에서도 '물'을 물질로 이해한 사람이 있다. 명의 왕양명王陽明(1472~1528)은 『전습록傳習錄』권하에서 다음과 같이 서술하였다.

> 뭇사람들은 격물을 설명하매 회옹晦翁(주자)에만 기대려 한다. 그러면서도 일찍이 그의 주장을 채용한 적이 있었던가! 나는 일찍이 그의 주장을 착실히 채용한 적이 있었다. 젊었을 때 전씨錢氏 성을 가진 벗과 성현이 되는 방법을 논하면서, 천하의 사물에 이르고자 하여도 지금 어찌 그런 큰 역량을 얻겠는가, 하였다. 그래서 정자 앞에 있는 대나무를 가리키며 그에 이르도록 보게 하였다. 전 선생이 밤낮으로 대나무의 도리를 궁격窮格하여 온 마음을 쏟아부은 지 사흘이 되자 정신적으로 피로하여 병에 걸리고 말았다. 처음에는 나는 그에게 정력이 부족한 탓이라 하였다. 그래서 나는 직접 궁격하였으나 밤낮으로 그 이치를 깨닫지 못하였다. 이레가 되면서 나 역시 정신적으로 피로해져 병이 나고 말았다. 결국 우리는 함께 크나큰 역량으로 사물에 이를 수 없다면 성현은 될 수 없다고 탄식하였다. (원 한문)[68]

---

68) 저자는 물(物)의 해석과 관련하여 전습록을 인용하였는데, 이 부분은 주자와 양명의 인식론의 극명한 차이를 보여주는 지점으로 자주 언급된다. 『전습록』은 본문의 인용문 뒤에 다음과 같은 내용이 이어진다. "이후 오랑캐 땅(즉 귀주 용장)에서 3년을 보내게 되었는데, 자못 격물에 대한 깨달음이 있게 되면서 비로소 천하의 사물에는 본래부터 이를 것이 없으며, 격물의 노력은 오로지 내 몸과 마음에 들여야 한다는 것을 깨달았다. 결단코 누구나 성인이 될 수 있어야만 스스로 맡은 바가 있게 되는 법이다. 이 깨달음을 제공(諸公)들이 깨닫도록 말해주고자

요컨대 왕양명은 친구인 전우자錢友子와 주자가 말하는 격
물궁리를 실천하고자, 우선 정자 앞에 있는 대나무를 이른 아
침부터 늦은 밤까지 집중하여 바라보기를 며칠 동안 하였다.
마침내 심신이 지극히 피로한데다 그 도리도 알 수 없었다. 가
까이 있는 대나무의 이치 하나에도 닿을 수 없는데, 격물궁리
를 쌓는 일은 도저히 상상할 수 없는 노릇이다. 다만 이것은
왕양명이 일부러 '물'을 물질로 해석하여 희화적으로 주자의
격물궁리설을 비판한 것이다.

중국에서 '물'을 물질로 이해한 예로는 송응성宋應星『천공
개물天工開物』을 들 수 있다.『천공개물』에 대해서는 사이구사
히로토69)의 연구가 있다. 이에 따르면 송응성은 명말청초의
(생몰년 미상) 강서성江西省 봉신현奉新縣 사람이며, 명가 출신으

한다." 용장에서의 깨달음을 통해서, 주자가 격을 '다다르다, 이르다'로
해석하는데 반해서 양명은 '바로 잡는다'로 보았다. 또 주자가 이르러야
할 대상, 사물로서 해석한 물을 양명은 외물보다는 마음속 사안(事案)
정도로 해석하였다.
한편 원문은 일본식 훈독문만을 싣고 있는데, 그것만으로는 부족하여『전
습록』원문을 참고하여 번역하였다. 아울러 다트머스대학(Dartmouth
College) 교수로 미국에서 주자학 연구를 이끌었던 윙칫 찬(Wing-tsit
Chan, 陳榮捷)은 인용문의 "젊었을 때"란 1492년 양명이 부친을 모시
고 북경에 머물렀을 때 관저에 대나무가 많은 것을 이용하여 이치를 격
(格)했다고 하였다. 또 "전씨 성을 가진 벗"에 대해 막말 양명학자인 사
토 잇사이(佐藤一齋)는 양명의 제자인 전덕홍(錢德洪)이라 보았으나,
메이지기 양명학 신봉자인 히가시 게이지(東敬治)도 지적한 대로 이
시기 전덕홍은 아직 양명에게 배우러 오지 않았던 때이므로, 전덕홍이
아니라고 확인하였다.『전습록상주집평(傳習錄詳注集評)』(臺灣學生
書局, 2006)참고.

69) 사이구사 히로토(三枝博音, 1892~1963)는 일본의 철학자로, 사상사와
과학사 관련 연구업적이 많다. 메이지대학과 요코하마시립대학 교수를
역임하였다.

로 향시에 합격하지만 벼슬에는 오래 머무르지 않았다. 산업 기술서인 『천공개물』은 1637년에 간행되었으며 다음의 18부문으로 구성되었다.

- 1 내립乃粒(곡류), 2 내복乃服(의복), 3 창시彰施(염색)
- 4 수정粹精(조정調整), 5 작함作鹹(제염), 6 감기甘嗜(제당)
- 7 도연陶埏(제도), 8 야주冶鑄(주조), 9 주거舟車
- 10 주단鎚鍛(단조鍛造), 11 번석燔石(배소焙燒), 12 고액膏液 (제유)
- 13 살청殺靑(제지), 14 오금五金(제련), 15 가병佳兵(병기)
- 16 단청丹靑(주묵朱墨), 17 국얼麴蘗(양조), 18 주옥珠玉

때마침 중국에는 기독교 선교사에 의해 유럽의 과학 기술이 상당히 전해져 중국어로도 번역되었는데, 이 책은 그다지 영향을 크게 받지는 않았다고 한다. 전통적인 중국의 과학 기술을 기초로 정리한 것이었다.

그런데 그 후 청조 때에는 『천공개물』이 거의 외면되었던 것 같다. 강희제의 명에 따라 편찬하여 1725년에 완성한 『고금도서집성古今圖書集成』에 부분적으로 인용될 뿐, 명대 간본의 행방도 근대에 이르기까지 알 수 없게 되었다. 그래서 중국에서 1927년에 간행된 책은, 일본에 전래되어 일본에서 출판된 책을 저본으로 하여 『고금도서집성』에 인용된 부분과 대조하여 교정했다고 한다.

일본에는 이미 겐로쿠 무렵에는 전해졌다. 가이바라 에키켄

『화보花譜』(1694년 간행)의 참고 도서 목록에 보인다. 그 후 1771년에는 오사카에서, 1830년에는 에도에서 간행된다. 또 히라가 겐나이의『물류품즐物類品隲』(1763)이 이를 크게 참고한 것을 비롯하여, 오노 란잔小野蘭山『본초강목계몽本草綱目啓蒙』(1806)·사토 노부히로佐藤信淵『경제요록經濟要錄』(1827)·우다가와 요안宇田川榕庵『사밀개종舍密開宗』(1837) 등 서구 학술의 영향을 상당히 강하게 받은 사람들의 저서에도 참고가 되었다고 한다.

아무래도 청조에 들어 중국의 지식인 사회는 이런 기술서를 존중하지 않았던 것 같다. 송응성 스스로『천공개물』서문 마지막에 "이 책은 공을 세워 이름을 떨치고 나아가 데는 털끝만큼도 상관이 없다"라고 적고 있다. 요컨대 이 책을 읽어도 출세에는 조금도 도움이 안 된다는 얘기다. 때는 그야말로 명조가 무너져 가는 동란기였는데, 청조가 되어 사회가 안정기에 들자 그의 예언처럼 입신출세와 상관없는 이 책은 중국의 지식인=지주·관료 계급으로부터 잊히고 말았다.

『천공개물』이 본국인 청조 지식인들에게 잊혀가는 동안 일본에서는 적지 않은 학자들에게 존중되었다. 바로 그 점에서 당시 문화와 교양의 내용에 대한 양국 지식인의 관심의 차이가 단적으로 드러난다. 『천공개물』에 실린 각 기술을 설명하는 삽화 중에 사탕수수甘蔗에서 당즙을 짜는 장치의 설명도가 있다. 이 장치는 커다란 둥근 축 두 개가 상부에 새긴 요철로 맞물리도록 하고, 축 사이에 사탕수수를 넣은 다음 소의 힘으로 축을

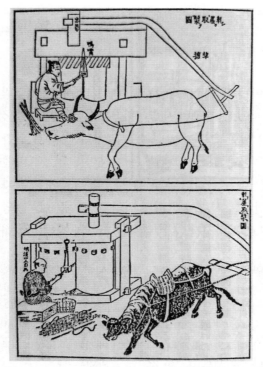

그림 3　사탕수수 즙을 짜는 장치 그림 (위『천공개물』, 아래『물류품척』)

회전시키게 해서 당즙을 짜도록 되어 있다. 히라가 겐나이도 『물류품척』에서『천공개물』을 기본으로 하여 이 장치를 그렸다. 사에구사는 양자를 비교하면서 다음과 같이 지적하였다.

　　『천공개물』의 그림으로는 제당 기계의 기구가 이해되지
　　않지만 겐나이의 모사는 실로 분명하게 이해된다. 겐

나이의 그림이라면 공장工匠에게 보여줘서 바로 기구를
만들 수 있다. 소가 힘차게 끌고 있는 팽팽한 새끼줄만
보더라도 엄청난 차이이다.

더욱이 신해혁명 후 1927년 간행본의 착당搾糖 그림은 구도
가 전혀 다르고 지극히 세밀하다. 그러나 제당법을 정밀하게
설명하기 위한 그림이 아니다. 사탕수수를 짜기 위한 기계는
헛간에 들어가 있고, 그 위에는 지붕이 그려졌으며 한쪽에는
수목, 배경에는 울타리, 앞쪽에는 당즙을 넣어 둔 통과 사탕수
수를 운반하는 사람이 그려져 있다. 가장 중요한 착당 장치는
상대적으로 작아졌다. 사에구사는 다음과 같이 평가하였다.

과연 이 그림이 실제 제당법을 전달하는 걸까? 큰 두 개
의 축이 위쪽의 톱니를 파고들어 자웅이 서로 맞물리는
상태가 보이는가? 사탕수수를 끼우기 위한 장치가 납득
이 되는가? 액즙이 어디로 흘러나오는지, 도대체 한번
보고 이해가 될까? 이런 결함이 배경에 수목이나 지붕,
울타리를 세부 묘사한 것으로 보완되는가?

근대 중국 간행본의 그림은 『고금도서집성』 속의 그림을
사용했다고 한다. 청조 때 수정한 결과, 기술서의 설명을 위한
그림이 아니라 착당을 위해 일하는 직인을 제재로 한 그림으로
바뀐 것이다. 같은 명말의 기술서에 의거하면서 일본에서는
보다 정확하게 기술을 설명하는 그림이 되었다. 청조에서는 한
폭의 회화로 삽화를 변질시켜 버렸다. 여기서도 양국인의 과학
기술에 대한 태도의 차이가 잘 나타난다.

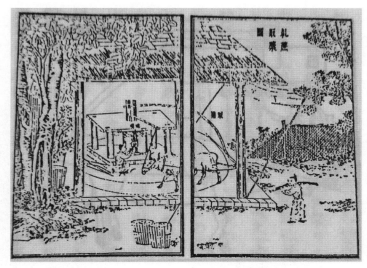

그림 4   1927년판『천공개물』의 그림

　　『천공개물』의 '물'은 그야말로 물질을 의미하며, 바로 근대 일본인의 '물'에 대한 이해와 합치되는 부분이 있었기 때문에 선진적인 지식인들에게 강하게 영향을 끼쳤다. 물론 유학의 역할은, 특히 지배자 측이 기대하는 바로는 봉건적인 인간관계·사회 질서 유지에 있었겠지만, 현실에서는 그런 예의 도덕 같은 것과 동떨어져 구체적인 사물에 대한 지식과 기술에 관심을 키우는 힘이 있었다. 예를 들면 주자학에서 존중하는 '격물궁리'의 실천. 요컨대 사사물물 각각의 이理를 궁구하고 쌓아 가는 것에 대하여 왕양명이 정자 앞 대나무를 계속 응시한 것은 말하자면 주자의 주장을 놓친 것이지만, 근세 일본의 지식인은 진지하게 '격물'을 그렇게 이해했다. 장차 서구 자연 과학 수용의 기반이 될 경험 과학적 사고가 그런 데서 길러졌다고 생각한다.

아라이 하쿠세키는 『오리타쿠시바노키』에서 "세상사 어떤 일이라도 보고 듣고자 하는 일이라면 그냥 지나쳐서는 안 된다. 그 일의 유래를 상세하게 알아야 한다. 이것이 바로 옛날에 격물이라 일컫던 것이다"라고 적으면서, 사물의 견문 기회를 중요하게 여기는 것이 '격물'이라 서술하였다. 그는 일례로 "내가 어렸을 적에 『정훈왕래』[70]를 배우는데 「3월의 장狀」에 있던 집짓기 같은 것은 요즘 세상에서는 보고 듣지 못한 일이라 어린 나로서는 납득하기 어려웠다. 그러나 면학에 힘써 사리를 깨친 이래 지금은 옛날이야기나 일기를 보고 연관 지어 생각하게 되었다"라고 하였다.

과연 하쿠세키는 어린 시절의 경험을 헛되이 하지 않았다. 하쿠세키의 이 경험은 이윽고 에도성의 중문 건축에 활용되었다. 중문 건축은 하쿠세키가 강하게 주장하였던 의례 진흥의 일환이었는데, 그의 무가 고례古禮에 대한 지식이 활용되었다. 따라서 이 격물은 유교의 실천에 부합한다고 하겠다. 그러나 학자로서 그가 활동한 분야는 주지하는 바와 같이 도덕 철학의

---

70) 『정훈왕래(庭訓往來)』는 남북조 시대 말기에서 무로마치 시대 전기에 성립한 왕래물이다. 1년 12개월의 왕복 서간문을 기초로 의식주, 직업, 건축, 사법, 불교, 교양 등 일반 상식이 담겨 있다. 에도시대에도 초등 교과서로 활용되었다. 일본어로 '데이킨오라이'라고 읽는다. 왕래물에 대해서는 59페이지 각주 참조.

영역이 아니라, 역사·제도·언어 등 오늘날로 말하자면 인문 사회 과학 분야에서 업적을 남겼다. 그의 격물은 경험 과학을 지향했다고 봐도 좋겠다.

야마가타 반토山片蟠桃(1748~1821)는 오사카의 환전상인 마스야升屋의 지배인으로, 센다이번 재정개혁에도 공헌했던 실무가였다. 회덕당에서 나카이 지쿠잔中井竹山(1730~1804)·리켄履軒(1732~1817) 형제에게 유학을 배웠고, 아사다 고류麻田剛立(1734~1799)에게 난학을 배운 동서 겸학의 조닌 학자였다. 주저『몽지대夢之代』권1「천문」에서 그는 "서양 국가들의 학문은 치지격물에 이르지 않은 바가 없다"라고 서술하였다. 그가 말하는 "서양 국가들의 학문"은 난학을 통해 알게 된 서구의 자연과학 기술을 의미한다. 그는 "천문지리의 격물을 으뜸으로 한다"라며 그 중요성을 말하였는데, 이유는 "하늘이 있은 후에 땅이 있고, 땅이 있은 후에 사람이 있으며, 사람이 있은 후에 인의예지 충신효제가 있"기 때문이며, 인도人道의 근본으로서 하늘, 뒤이어 땅의 격물이 중요하다고 하였다. 이는 유교 특히 주자학의 영역에서 보이는 사고방식이지만, 그것과 모순되지 않으면서 서구의 자연 과학적 사고가 연결되고 있다.

야마가타 반토는 상당히 합리주의적인 사고의 소유자였다. 예를 들면『몽지대』권3에서는「신대神代」를 논하여 "일본기 신대권은 취할 것이 못되며, 바라건대 진무神武 이후를 보더라도 14, 5대부터 취해야 한다. 그렇다고 해도 진구神功 황후의 삼한 퇴치는 망설이 많으며, 오진應神부터는 확실하다 하겠다"라고,

일본의 신화·고대사에 예리한 문헌 비판을 하고 있다. 『몽지대』는 1820년 완성되었으나 집필은 1802년에 시작하였다. 당시에 이미 그렇게 비판하였다면, 근대 일본인이 역사 교육에서 고대사 문헌 비판에 자유를 얻게 된 것 보다 실로 1세기 반을 거슬러 오르는 것이며, 쓰다 소키치의 학설 발표보다도 백여 년을 선행하는 것이다.

야마가타 반토뿐이 아니다. 주자학의 합리주의조차 비판한 오규 소라이 같은 학자도 있지만 유교에는 일종의 합리주의적 사고가 있다. 아라이 하쿠세키도 "신은 인간이다"라는 명제 아래 일본의 신화를 무시하고 고대사를 고찰하였다. 유학적 합리주의와 서구 근대의 합리주의는 성립 근원이나 과정이 다르지만, 근세 일본의 많은 지식인들은 별반 고심하지 않고 근대적 합리주의를 유교적 교양 위에 수용하였다. 스기타 겐파쿠도 『난학사시』에서 "화란의 실측과 궁리는 모두 정말 놀랄만한 것뿐이다"라고 히라가 겐나이 같은 이들과 이야기하였다고 적고 있다.

그때의 '궁리'는 유학의 결함을 보완하는 것이었다. 호아시 반리帆足萬里(1778~1852)는 저서 『입학신론入學新論』(1843년 간행)에서 "후세의 궁리학이 천리를 미루어 밝히고, 정심하면서도 은미한 바를 끝까지 궁리하니 이로 인해 사물을 개창하고 마땅히 힘쓸 바를 성취할 뿐이다. 그뿐만 아니라 평범한 사람도 이로써 성인이 가르침을 세우신 연원을 알 수 있다"라고 궁리학의 의의를 논하였다. 뒤이어 "송대에 이르러 주무숙周茂叔이

주역에 근거하여 궁리를 말하였고, 정자와 주자가 잇달아 일어나 공자의 도가 다시 흥하였다. 그들이 세운 뜻이 얼마나 높고 그들의 행실이 얼마나 엄정했는지, 학문을 하려는 자의 모범이 되어 공맹의 소자小者라 불렸으나, 다만 애석하게도 궁리에 대해서는 정밀하지 않았다”라며, 송유를 높이 평가하면서도 궁리에 대해서는 비판하고 있다.

거의 같은 시기에 그는 『궁리통窮理通』을 집필하고 있었다. 1810년 스승인 와키야 란시쓰脇屋蘭室에게 서문을 받았지만, 1835년부터 보정에 들어가 다음 해 자서를 썼으나 결국 미완고로 끝나고 말았다. 자서에서 그는 “생각건대 서양인의 학문은 쌓이고 쌓여 나날이 다달이 나아간다”고 서양의 궁리학의 진보를 지적하면서, 서양 서적을 많이 읽고 이 책을 지었다고 말하고 있다. 그러나 서양인은 성인의 도를 모른다. 그럼에도 그들의 학문을 채용하는 것은 그들의 장점을 취하는 것이라고 맺고 있다.

요컨대 주자학을 기본으로 하면서도 궁리에서는 서양이 앞서기 때문에 서양학을 취한다. 궁리는 주자 설을 따르면서도 훈고·문의文義 등에 대해서는 한당의 고주古注를 취하는 절충학파와 똑같은 태도이다. 야마가타 반토나 호아시 반리 모두 저서에서 지동설을 언급하고 코페르니쿠스의 이름을 언급하고 있는데, 사유에서는 ‘코페르니쿠스적 전회’는 보이지 않으며 별다른 저항 없이 유교적 교양 속에 융합해 갔다.

physics의 번역어로서 ‘물리’란 말을 대응시킨 이유도 이러한 '격물궁리' 이해에서 찾을 수 있다. 스기타 겐파쿠를 감탄하게 했던 난학의 급속한 발달과 그 기반이 된 한학은 앞에서 서술한 형태로 서로 연결되어 일본 근대화=서구화의 모체가 되기도 했다.

나오는 말

사쿠마 쇼잔佐久間象山(1811~1864)은『성건록省譽錄』에서 "동양의 도덕, 서양의 예술, 정밀한 것이나 거친 것이나 버리지 않고 표리를 겸하여 갖춤으로써 민물民物을 윤택하게 하여 국은에 보답"하는 것을 군자의 즐거움이라 하고 있다. 하시모토 사나이橋本左內(1834~1859)도 "인의의 도와 충효의 가르침은 우리 것에서 열고, 기술의 교묘함과 예술의 정밀함은 저들로부터 취하도록"하자는 의견을 밝히고 있다. (양자가 말하는 예술은 모두 과학 기술을 의미한다.)

아무리 봐도 쇼잔이나 사나이가 억지를 부리는 것 같다. 전쟁 통에 성장한 나는 종종 서양의 물질문명과 동양의 정신문화라는 관념적 대비, 특히 후자의 우위성을 귀가 따갑도록 듣고 자랐다. 그 결과에 대해서는 지금 새삼스레 말할 것도 없다.

쇼잔이나 사나이의 발상이 서구에 대한 열등감의 발로가

아니라고 해도 동양의 도덕 혹은 인의충효, 즉 유교 사상과 서구의 과학 기술 사상이 그렇게 간단하게 절충, 융합할 수 있을까. 방식의 잘잘못과는 별개로 어쨌든 같은 유교 문화권에 속하면서도 일본은 재빨리 근대화=서구화라는 틀을 손에 쥐었다. 유교의 본가인 중화 대륙, 거기에 크게 영향을 받은 한반도와 일본, 각각의 지역에서 서구 근대 문명과의 접촉, 반응에 차이가 있었다. 그 요인의 하나로 각각의 지역에서 유교 문화가 달성한 역할이나 성격의 차이를 생각해야만 한다.

다이궈후이[71]는 논문 「'유교 문화권'론의 일고찰」에서 일본은 "유가 사상을 별도의 방식으로 다시 읽음으로써 '화혼양재'로 유신을 성공시킨 데 비하여, 중국은 그런 읽기의 조건이 없어서 다시 읽기가 불가능했기에 '중체서용'론이 기능하지 못한 채 유신 역시 좌절하고 말았다"라고 논하였다. '별도의 방식으로 다시 읽기'라는 표현이 적절한지 여부는 여하튼, 일본에서는 유학이 대중에게 침투하는 과정에서 변질이라 해야 할지, 혹은 일본의 독자적인 성격이라 해야 할지, 중국과는 상당히 달리 이해되어 갔다. 『천공개물』은 청조에서 거의 무시

---

71) 다이궈후이(戴國煇, 1931~2001)는 대만의 근대 역사학자로, 타오위안(桃園) 핑전(平鎭)의 객가인(客家人)이다. 1970년대 처음으로, 1930년에 일어난 대만 원주민의 반일 봉기인 우서(霧社) 사건, 1947년에 외성인(外省人)의 차별에 격분한 본성인(本省人)이 봉기한 2.28 사건에 대한 연구를 개척하면서 '대만 주체성'이란 개념을 최초로 제시했다. 일찍이 일본문부대신 외국인 자문 위원, 중화민국 국가안전회의 자문위원을 역임하였다. 사후에 아내 린차이메이(林彩美)가 장서와 친필 원고를 정리하여, 2011년 『다이궈후이 전집(戴國煇全集)』(총 27권)을 펴냈다.

되었지만 동시대 일본에서는 수용되었다. 저자 송응성은 지주 계급으로 향시에 합격한 지식인이었지만, 자신이 인정하듯이 중국의 교양 계급 사회에서는 이단에 가까웠을 것이다. 그러나 일본의 지식인은 그 책에 공명하였다.

그러한 일본의 독자성을 가진 배경으로 나는 우선 근세라는 시대가 근대로 이어지는 통일 국가 권력의 형성기였다는 것, 동시에 중화 문명의 커다란 우산에서 독립하는 시기였음을 지적하고 싶다. 그리하여 새로운 통일 국가 안에서 일본의 전통문화도 외래의 이국 문화도 널리 민중 계층에 침투하여 정착하고, 마치 이 풍토에 토착하고 있는 듯한 '일본적' 문화를 형성했다.

시각을 달리하면 지식 교양에 대한 민중의 강한 의욕이 하층 저변까지 광범위하게 도달했고 봉건적 신분 계층을 뛰어넘은 지식 시민층이 형성되어 갔다. 일본 근세의 문화는 결코 왕후귀족의 주도·보호에 의하지 않았고, 단순히 도시의 호상의 문화도 아니었다. 서민층의 저변 확산을 무시하고는 올바르게 이해할 수 없다. 마지막으로 '화혼양재'는 하루아침에 나온 것이 아니다. 17세기 후반 주자학이 정통파의 입지를 확립하는 무렵부터 이미 주자학과 아울러 한당의 훈고학을 취하는 절충주의가 나타났다. 이윽고 그것이 주류가 되어 관념적인 도덕 철학보다는 경험적·실증적 학문의 풍조가 높아졌다. 그러고서야 비로소 저들의 장점을 취하여 이쪽의 단점을 보완하는 동양 도덕·서양 기술, 표리겸해表裏兼該도 가능했다.

부록

장별 주요 참고문헌

중복은 초출만 표시했다.

들어가는 말

- 辻善之助『日本文化史』V VI VII 春秋社, 1950

1. '일본적' 문화의 형성

- 齋藤隆三『近世日本世相史』博文館, 1925
- 横井金男『古今傳受沿革史論』大日本百科全書刊行會, 1963
- 佐々木信綱『戸田茂睡論』竹柏會, 1913

- 津田左右吉『文學に現れたる我が國民思想の研究』第二巻「武士文學の時代」洛陽堂, 1917
- 辻善之助『日本仏教史』近世篇之三 岩波書店, 1954
- 中村 元『近世日本における批判的精神の一考察』三省堂, 1954
- 尾藤正英『日本封建思想史研究』靑木書店, 1961
- 石川 謙『古往来についての研究』大日本雄辯會講談社, 1949
- 東恩納寬惇『庶民教科書としての六諭衍義』國民教育社, 1932
- 吉川幸次郎『仁齋・徂徠・宣長』岩波書店, 1975
- 岩生成一「鎖國」岩波講座『日本歷史』10 近世2, 1963

2. 새로운 국가의 성장과 전개

- 佐藤進一『日本の中世國家』岩波書店, 1983
- 網野善彦『無緣・公界・樂』平凡社, 1978
- 大槻文彦『伊達騷動實錄』吉川弘文館, 1909
- 北島正元『近世史の群像』吉川弘文館, 1977
- 內山美樹子「櫻御殿五十三驛–『增補日光邯鄲枕』淨瑠璃化をめぐって–」早稻田大學大學院『文學研究科紀要』31, 1985
- 內山美樹子「明和八年の近松半二–「櫻御殿五十三驛」の主題と構造–」『文學』1985.9

- 古島敏雄『近世日本農業の構造』日本評論社, 1943
- 古島敏雄『日本農業技術史』下巻 時潮社, 1949
- 北島正元『江戸商業と伊勢店』吉川弘文館, 1962

3. '근대화' 일본의 기반 형성

- 池上彰彦「後期江戸下層町人の生活」西山松之助編『江戸町人の研究』第二巻 吉川弘文館, 1973
- 廣庭基介「江戸時代貸本屋略史」(1) (2)『圖書館界』18-5, 1967
- 沓掛伊左吉「貸本屋繁盛記」『日本經濟新聞』1965.2.20. 朝刊
- 沓掛伊左吉「貸本屋の歴史」『沓掛伊左吉著作集』八潮書店, 1982
- 濱田啓介「馬琴に於ける書肆, 作者, 讀者の問題」『國語國文』二十二號, 1953
- 長友千代治「城ノ崎温泉貸本屋の見料」『大阪府立圖書館紀要』館報特集號第一號, 1964
- 守屋 正「宋紫石筆『獅子圖』について」『國華』九八九號, 1976.4.
- サントリー美術館『日本博物學事始–描かれた自然Ⅰ–』圖録, 1987
- 佐藤昌介『洋學史研究序説』岩波書店, 1964
- 伊東多三郎「蘭學者幡崎鼎」『近世史の研究』第二冊

吉川弘文館, 1982

- 森 銑三「著作堂を訪れた人々」『森銑三著作集』第四巻 中央公論社, 1961
- 板澤武雄「江戸幕府の禁書の内容およびいわゆる洋書の禁について」『日蘭文化交渉史の研究』吉川弘文館, 1959
- 伊東多三郎「禁書の研究」『近世史の研究』第一冊 吉川弘文館, 1981
- 平石直昭『荻生徂徠年譜考』平凡社, 1984
- 古島敏雄『日本農學史』第一巻 日本評論社, 1946
- 市川安司『朱子哲學論考』汲古書院, 1985
- 島田虔次『中国に於ける近代思惟の挫折』筑摩書房, 1949
- 三枝博音「『デ・レ・メタリカ』と『天工開物』」『三枝博音著作集』第十一巻 中央公論社, 1973
- 藪內 淸「『天工開物』解説」『東洋文庫』130 平凡社, 1969

나오는 말

- 戴 國煇「『儒教文化権』論の一考察–和魂洋才と中體西用の分かれ目–」『世界』1986.12

에도시대 막부 관직 구조

일러두기

전국시대 이후 직제가 점차 확충되었으며 3대 쇼군 도쿠가와 이에미쓰 시대에 주요 직제가 정비되었다. 중요 직위는 후다이다이묘와 하타모토가 취임했다. 행정과 사법이 구분되지 않았으며 최고위급 재판은 효조쇼評定所에서 로주와 산부교가 합의하여 진행했다. 로주의 지휘가 기본이며 평시편성과 전시 편성이 일치했다.

아래의 신분은 명백하게 구분되었다.

- 후다이다이묘譜代大名 : 에도막부 성립 이전부터 도쿠가와에 충성한 다이묘.
- 하타모토旗本 : 쇼군 배알 가능한 1만석 이상 무사.
- 고케닌御家人 : 쇼군 배알 불가능한 하급 무사.

중요 요직인 산부교三奉行 는 박스로 묶었다. 별표(*)는 에도성 밖의 관직이다. 본문에 언급된 관직과 주요 관직 위주로 정리했다.

후다이다이묘급 주요 관직

다이代는 대리라는 뜻으로 예를들어 오사카조다이의 경우 쇼군이 오사카성주도 겸임하지만 이를 대리하여 관리한다는 의미이다.

- 다이로大老 : 막부 최고위직이나 상설이 아님.
- 로주老中 : 사실상 막부 최고위직. 4~5명 임명.
- 소바요닌側用人 : 쇼군의 비서이자 로주와의 연락책.
- 와카도시요리若年寄 : 로주 보좌역. 2~6명 임명.
- 지샤부교寺社奉行 : 사찰과 신사 관리역. 4~5명 임명.
- 교토쇼시다이京都所司代* : 교토성 호위와 조정, 간사이 서쪽 지역의 다이묘 감시역. 교토, 나라 마치부교 관리역.
- 오사카조다이大坂城代* : 오사카성 책임자 겸 호위역.

로주 지배 하타모토급 주요 관직

로주 지배 관직이 주요 행정을 처리했다. 부교奉行는 부서의
총괄 책임자. 밑줄은 하타모토가 아니라 고케닌 이하 신분이
담당한 실무 역할이다.

- 오메쓰케大目付 : 다이묘 감찰역.
- 오반가시라大番頭 : 에도성 경비.
- 마치부교町奉行 : 관할내 행정, 사법, 경찰역. 책임자급. 2명.
  - 요리키 与力 : 에도에 50명 정도 있었던 행정, 사법 지휘자
    역.
  - 도신 同心 : 에도에 200명 정도 있었던, 요리키의 지휘를
    받는 실무자.
- 간조부교勘定奉行 : 막부와 직할령의 재정 관리역.
  - 군다이 郡代 : 직할령의 실무 관리자. 10만석 이상.
  - 다이칸 代官 : 직할령의 실무 관리자. 10만석 이하.
- 사쿠지부교作事奉行 : 막부 관계의 건물 조영과 수선 등을 총괄.
- 후신부교普請奉行 : 성벽과 상수 등 토목 관계의 일을 담당.
- 루스이留守居 : 오오쿠 관리. 쇼군 출행시 에도성 경비역.
- 조다이城代* : 성의 경비역. 오사카, 슨푸, 후시미, 교토에 설치
  했으며 오사카조다이는 후다이다이묘급이고 나머지는 하타모
  토급. 조반定番.
- 온고쿠부교遠国奉行* : 중요 지방의 부교. 나가사키 부교나 교토
  마치부교 등.

와카도시요리 지배 하타모토급 주요 관직

가시라頭는 구미組의 우두머리.

- 쇼인반가시라書院番頭 : 쇼군 호위역.
- 고쇼구미반가시라小姓組番頭 : 쇼군 호위역.
  - 고쇼 小姓 : 시중 무사.
- 메쓰케目付 : 하타모토, 고케닌 감찰역.
- 쓰카이반使番 : 전시에는 전령, 평시에는 감찰역.
- 쇼모쓰부교 書物奉行 : 서적 관리역. 3~5명 임명.

기타

본문에서 언급된 여러 하위 관직들이다.

- 지토地頭 : 시대에 따라 역할이 다르지만 주로 장원이나 영지의 실무 관리자.
- 데다이 手代 : 군다이, 다이칸, 지샤부교 등에 직속되어 사무를 담당한 관리. 데쓰키手付.

역자 후기

일본의 메이지유신은 구체제에서 벗어난 '유신'이라는 일본사적 의미뿐 아니라 이후 한국과 중국의 역사에도 크게 영향을 끼친 그야말로 동아시아 근대기의 일대 사건이었다. 당시 한창 유행했던 '문명개화'란 말이 대변하듯이, 그 대척점에 선 '전통' 시대는 당연 부정되어야 하였다.

저자는 근대 이후 에도시대에 대한 '박한' 평가에 이의를 제기하며 '메이지유신 전후로 역사의 단절을 바라보는 시각은 과연 적절한가?'라는 물음 속에서 글을 시작한다. 목적의식이 분명하게 드러나는 만큼이나, 저자는 현대 일본의 전통문화란 에도시대에 다양하게 발전한 문화가 바탕이 되었다는 사실을 흥미진진하게 소개하고 있다. 우리가 알고 있는 '일본적'인 문화 대부분이 에도시대에 정착, 완성되었으며, 그 배경에는 서민층의 성장이 주요한 요인으로 자리한다고 강조한다.

우리도 즐겨 먹는 스시를 비롯한 일식의 유래부터, 의복, 주거, 음악, 연극, 학문 등 약 300년 에도시대의 다방면에 걸친 제반 양상을 저자는 쉬운 문장으로, 그러나 매우 생생하게 서술하고 있다. 그러면서도 그 '일본적'인 사상事象이 일본에서 자생한 그야말로 '고유한' 것이라거나 역사 내내 일관된 것이라는 시각이 아니라 동아시아 보편 속에서 '일본화'를 탐색하고 있다. 본서의 매력은 바로 자국중심주의적인 식상하고 도식적인 관점을 거부하는 저자의 시각에 있다.

시대와 풍토에 따라 만물의 면면이 달라진다는 생각은 이미 에도시대의 지식인들에게도 많이 보이지만, 저자 역시 이 점을 강조하면서도 그런 역동성을 만들어 온 서민층을 특히 높게 평가한다. 물론 이러한 성장이 지배관계의 변화나 생산력의 발전과 연동되었다는 점 역시 상세하게 서술하고 있다. 그러나 그런 정치, 경제사적 흐름보다는 외래문물에 대한 "이국취미"에서 시작한 문화수용이 일본적인 것이라는 이름을 갖는 데 주요한 역할을 한, 서민층의 '욕구'에 대한 저자의 애정 어린 시선이 내내 느껴진다. 저자의 그러한 시선에서도 앞에서 언급한 대로 에도시대의 역사가 메이지 이후 부정적으로 묘사된 '부당함'에 이의를 제기한다는 저자의 결의가 엿보인다.

메이지시대 친정부적인 역사가들은 '근대' 일본을 찬양하는데 열중하면서 '전근대' 에도시대를 부정하였다. 정부에 비판적이었던 역사가들 역시 일본의 근대가 가진 '불완전성'을 비판하면서 그 요인을 뒤처진 에도시대에서 찾았다. 요컨대 양자 모두 어두운 또는 암울한 에도시대라는 시대상을 만들어 낸 것이 사실이다. 저자의 에도시대 예찬은 달리 말하면 에도 시대에 대한 역사가들의 냉대가 합당한 지 다시 한 번 환기시키는, 즉 '목적의식적'으로 역사상을 창출해 내는 관점에 대한 비판이다. 더 나아가 오랜 동안 '세계사 발전의 기본법칙'이란 프리즘으로 역사를 바라보았던 '닫힌' 시점이나, 거대이론을 벗어나 한없이 가볍게 '다양성'만을 추구하는 시점에 대한 고민을 하게 만든다.

한편, 본서가 간행된 1988년 이후 역사학은 크게 연구 성과를 축적해 왔다. 그간의 성과를 기반으로 생각하면 간혹 저자의 서술과 달리 생각할 여지가 드러나는 부분도 있다. 예를 들어 제3장의 4절(p107)에 소개된 유키 히데야스結城秀康의 일화를 사적 관계에서 공적 관계로의 전환 과정에서 쇼군의 친족에 대한 특별대우의 예로 들고 있는데, 이것은 다이묘들의 가격家格이 세세하게 확립되지 않았기 때문으로 보는 것이 더 타당하다고 한다. 다이묘의 가격 고정화나 참근교대에 수반하는 에도성 입성의 의전 서열 등이 확립하는 것은 3대 쇼군 이에미쓰 이후로 보는 것이다.

그럼에도 불구하고, 본서는 에도시대의 흐름을 아는 데 매우 유용하다. 그리고 어째서 일본만이 한발 빠르게 근대화에 성공했을까, 같은 상투적인 물음과도 연동시켜 생각할 거리를 제공한다. 그런 의문들에 본서가 어느 정도 답을 줄 수 있을까? 저자의 대답에 얼마나 납득할 수 있을지는 독자에게 달린 것이지만, 적어도 지금의 '일본적' 문화라고 하면 떠오르는 것들이 다져진 에도 일본의 모습을 즐겁게 들여다보는 데는 손색이 없다.

역자로서 또 일본사상사 연구자로서 '일본적'인 것이 무엇인가를 생각할 때, 저자의 '시선' 자체가 지극히 '일본적'이라는 느낌을 지울 수 없다. 역자의 이런 느낌이 독자들에게 닿을지, 아니면 전혀 생경하게 여겨질지 설레는 마음으로 독자 여러분의 감상을 기다린다. 아울러 지나치게 많은 각주가 독자들의 읽기를 방해하지 않을까 염려도 되지만, 본서가 일본인을 위한 개설서이니 만큼 우리나라 독자들이 쉽게 접하지 못한 내용도 많아서 구구한 역주가 도움이 되기를 바랄 뿐이다.

본서는 플라톤 아카데미의 지원을 받은 《도쿠가와 시대사》 시리즈의 일환으로 나오게 되었다. 연구책임자인 서울대 박훈 선생님, 흔쾌히 출판을 결정해 주신 빈서재의 정철 대표님에게도 감사인사를 드린다. 특히 정철 대표님은 훌륭한 에디터로서 교열과 윤문 작업에 크게 도움을 주셨다. 덕분에 독자에게 한결 친절한 번역서가 되었다. 마지막으로, 번역 과정에서 고구마줄기 같은 역자의 갖가지 물음표에 시간을 내어 같이 토론하고 고민해 준 일본 도호쿠대학 문학연구과의 외우畏友 히키노 교스케引野亨輔 선생에게 고마움을 전한다.

2022년 11월
김선희

찾아보기